U0901604

Cooking Class for Kids

小小孩的生活厨房课

曾雅盈／著
张凯因／插画

缘起

完美的结果，有时比不上有意思的过程。
没有繁复的做工与复杂的调味，
只在平实的家常菜里让小小孩体验有关料理的一切，
表面上看似大人在教导小小孩，
但，更多的是小小孩给我们带来的意外惊喜。

一直以来自己习惯隐身在人群之后，将在众人面前说话视为畏途，每当有必须说话的场合，喉痛声哑的身心症总会即时出现，我也总是庆幸着能逃过必须面对的尴尬时刻。

这样的状态其实一直困扰着我。曾经在小学三年级说话课的前半小时，全身泛起红疹；五六年级未曾和班上男同学说一句话；直到十九岁那年，参加青访团出访前的集训，两个月的时间里，也多以点头、摇头、微笑来沟通。当时的领队还忧心地询问我的父亲，我是否有语言上的先天障碍？其实，我只是常常不知道要说些什么，当脑海还在思考的同时，大家的话题已经转到别处了。

因缘际会创办了幼儿园后，不知道该说什么的症状并没有减轻，每天要面对许多的家长和小孩，对我来说，是一种挑战。我不怕挑战，但却不知道该如何开口，该说些什么？我总是远远地看着一起创业的伙伴和家长侃侃而谈，看着她和孩子开心地说着话，我认真地学习着。

我的朋友，两岁

记得有一天的午后，斜射的阳光映照在我粉红及膝镂空的裙摆上，光线穿透后，照得鞋面闪闪发亮，“哇！好漂亮，你的鞋子好漂亮！”身旁传来两岁小女孩由衷的赞美，随即呼朋引伴围着我的闪亮梦幻鞋。两岁小女孩爱极了，认真地和我讨论关于粉红鞋的一切。

我问她：“喜欢吗？”小女孩很认真地回答喜欢后，我和两岁小女孩从此变成了好朋友，她每天遇见我的时候，都会由衷地赞美我身上的衣服或鞋子。真心的赞美、单纯的崇拜，激活了我脑内聊天的机制，与小小孩的聊天变成每

天令人期待的事。我想，如果大脑有特别负责聊天的区域，我应该是一直没有被开发。

没有过多的考量、没有负担地说话，我和我的两岁朋友之间，只有简单的欣赏和真心的赞美，渐渐安抚了自己对说话的恐惧。小女孩有时会用手环着我的脖子或坐在我腿上说些悄悄话，慢慢的，我发现与陌生人简短的对话不再令我手足无措，开始可以和较熟识的家长聊上几句。我的两岁朋友让我明白了，原来与人互动时，真诚才是最重要的。我在小小孩身上找到正向的互动方式，多年喉痛声哑的身心症竟不药而愈。

以为错过的事情，其实才正要开始

创办幼儿园之初，一直回想着大学时期弃幼儿教育而选择了餐饮管理，却在多年后踏上幼儿教育一途，这段不可思议的历程，是应该懊悔还是应该庆幸？

这十多年的时间里，我走访各国的幼儿园，阅读许多关于教养或儿童发展的书籍，更不断观察着老师们对待孩子的方式和所有关于孩子的一切。在与孩子的互动中，我找到了自己与孩子之间，一种美丽的互动，一种幸福的感觉。

而这样幸福的互动，很可惜在自己孩子小的时候错过了，年轻时许多因缘际会无可奈何的事，耗尽了当时的精力，当努力重新学习新的相处模式，事过境迁后蓦然回首，原来当时的挫折，只是为了成就现在的美好。

经过了十多年的历练，幼儿教育和餐饮管理原本两个看似毫无交集的点，在此时开花结果，碰撞出幸福的火花。原来以为错过的事情，其实才正要开始……

目录 · Contents

|缘　起| 002

第一部分 Part 1 学习，无所不在

1 单元 *Set* 1　**记忆中的熟悉** / 两岁小小孩上菜市场 · 008
2 单元 *Set* 2　**小小的，心，眼** / 真实的迷你厨房 · 029
3 单元 *Set* 3　**分分、盒盒之间** / 看得见的数、量、形 · 044
4 单元 *Set* 4　**小小孩，大厨师** / 期待、担心，一线之间 · 064

专栏 Column

两岁小孩的语言、认知、情绪发展和自理能力 · 028
三岁小孩的语言、认知、情绪发展和自理能力 · 043
四岁小孩的语言、认知、情绪发展和自理能力 · 062
五～六岁小孩的语言、认知、情绪发展和自理能力 · 078

注：本书中所称小小孩是指 1.5~4 岁的幼儿，小孩是指 5~10 岁的儿童。

第二部分 Part 2 食育，潜移默化

5 单元 *Set* 5 **节气，节庆** / 农历里藏智慧 · 082
6 单元 *Set* 6 **寻找蒲公英** / 随手可得的野菜 · 098
7 单元 *Set* 7 **幸福的味道** / 传承阿嬷的手艺 · 113
8 单元 *Set* 8 **超市采购** / 付钱、任务、保存期限 · 127

专栏 Column

牵着小小孩去寻找野菜踪迹 · 112
为孩子储存人生的经验资产 · 126
和小小孩一起大玩角色扮演 · 139

第三部分 Part 3 美育，兼容并蓄

9 单元 *Set* 9 **美丽，在细节里** / 美丽从细节、装饰开始 · 142
10 单元 *Set* 10 **偶然的花花世界** / 汤锅里的花朵 · 159
11 单元 *Set* 11 **热情如火，特别的一天** / 料理，瓦斯与电之外 · 171
12 单元 *Set* 12 **美丽，心结束，再开始** / 有天，有地，有野餐 · 187

专栏 Column

培养小孩美感从家庭餐桌延伸 · 158
美好的用餐气氛把不喜欢变成喜欢 · 170
野地里的自然生活体验营 · 186

| 后 记 | 208
| 附 录 | 210

Part - 1

学习，无所不在

Learning · always there...

牵着小手逛市场、散散小步
牵着小手动手做、尝尝味道

让孩子在生活的分秒间
尽情地享受探索的乐趣
这分秒间的点点滴滴
丰沛了孩子未来生活技能

Set 1.

记忆中的熟悉

两岁小小孩上菜市场

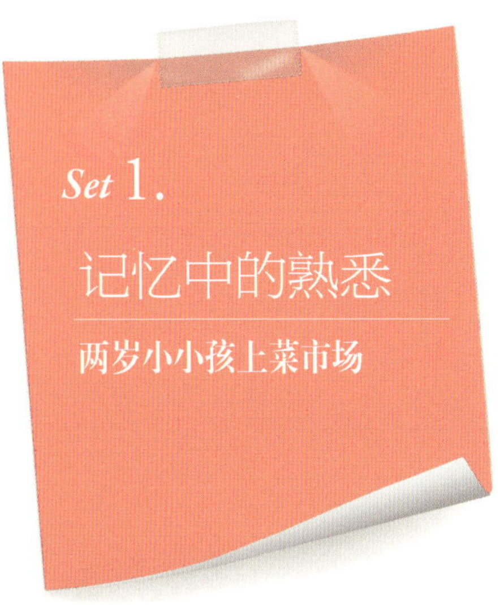

就从两岁开始吧

一个下着毛毛雨的傍晚，校园的路上有一把正在自行移动的小红伞。我好奇地走上前去，心想：怎么会有自己走路的伞？近些才发现，原来是我的两岁朋友正穿着雨鞋体会下雨天，撑起的弧型伞面几乎把她整个都包了起来，只露出红色的小雨鞋。我观察到，那并不是把有自动按键的伞。

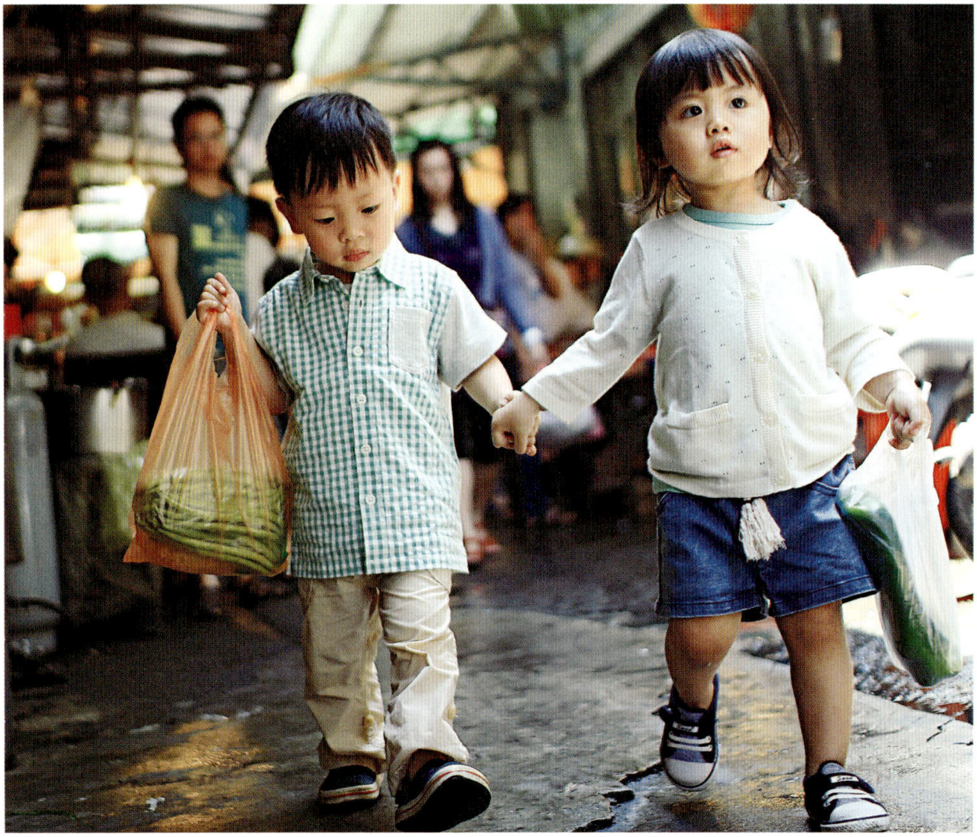

“你会自己开雨伞吗？”我好奇地问小女孩。

“会呀，你看！”两岁朋友不假思索地当场表演起来。

向小女孩借来伞，操作一下伞的开合，那把小伞的开与关其实是需要花些力气的。归还小伞的同时，我自言自语地说：“哇！你根本就是一个大力士。”两岁小小孩灵敏的耳朵听到了，很开心地重复着：“哈哈，我根本就是个大力士。”继续在雨中散步。

两岁，开始想要自己完成很多事情，喜欢与人聊天分享，也听得懂很多指令。那么，有关料理的一切，就从好奇的两岁开始吧！

关于食材挑选的知识，
不知不觉地，
在蔬果鱼肉被放入红格子菜篮车时，
也进入了我的心里

约了两岁的朋友上菜市场，出发前递上小菜篮与钱包时，也交代了任务与指令，“今天我们要买青椒、小白菜、长长的金针菇、豆腐、猪脚和鸡蛋。菜市场里人很多，两个人手一定要牵好，牵着手跟着大人就不会走散。”我说。

走在长长的市场街，小小孩们没有忘记出发前的叮咛，小手始终牵着对方，没有放开过。两岁的小小孩对什么都充满好奇，摸一摸鱼摊上的鱼，自己挑菜摊上的青椒，想要自己拿提袋，努力完成想做的事。

走在这条市场街，想起了自己记忆中的菜市场。

记得小时候家附近有两个菜市场——鱼肉蔬果熟食分得非常清楚的大菜市场与就在邻街的小菜市集。去大市场的时间一般都是星期天，从家里出发要经过两次左转，跨越长长的人行天桥，接着穿越满是诱惑的服饰摊位，中间夹杂些卖五金锅具、十元货的摊子。当看见转角的警察局时，妈妈便会牵着我借道六阿姨长长的水果店面，那幽暗的长屋尽头便是光亮的市场入口，那是我与妈妈的专属捷径，印象中的市场地图。

一踏进市场门口，此起彼落的叫卖声，伴着充满人情味、你来我往的杀价声，那是一个充满声音、人语喧哗的世界。市场里第一、第二排是蔬菜类，中间走道是新鲜鱼虾，靠近边陲地带的是家禽与家畜。固定买的那些摊位慢慢都成了好朋友，总会介绍当季时令的新鲜好货给主顾，买菜送葱是彼此的默契。我最喜欢看老板将免费的葱择去葱尾，偷偷放进我们的红格子菜篮车里，心里有着占了便宜的窃喜。

小时候的我话不多，只是静静地听

着大人的对话。

卖菜阿姨说："现在是春天，三月的苋菜最好吃……夏天要吃瓜，买瓜看蒂头，这上面还有小绒毛，是今天早上才采的……"

卖鱼的叔叔说："鱼眼看起来要有光泽，鱼鳃应该要是粉红或红色，肉要结实有弹性……带壳的蛤蜊要买活的。"

肉摊上的阿伯说："买新鲜的肉品得赶早，肉有变色、外皮变干就不新鲜。"

这些关于食材挑选的生活知识，就这样不知不觉地，在蔬果鱼肉被放入红格子菜篮车时，也进入了我的心里。

两岁，什么都想要自己完成

带着好奇心十足的两岁小小孩们逛市场，沿途所见都是聊天的好题材。我和小小孩们谈着今天菜单里需要的食材，拿起蒜头介绍挑选的方法，两岁小小孩们很认真地听着。

"小红辣椒会辣，大的红辣椒不辣。"我说。小小孩用力点点头，抓了一大把放入菜篮。

两岁对于色彩显然很感兴趣，尤其是鲜艳的颜色。看着摊子上许多种类的蘑菇，两岁女孩毫不犹豫地拿起一包菌盖呈现亮橘色的金针菇，事先设定的采购清单，有时也会有美丽的意外。装了蔬菜的竹篮变得沉甸甸的，两岁小小孩依旧兴致盎然地提着，小手臂压得有些微红。

“需要帮忙吗？”我问。

“我想要自己提。”两岁朋友回答我。

“好吧！需要帮忙告诉我。”我说。

看着他们努力提着竹篮的背影，让我想起多年前的德国之旅，急驶的火车上一对祖孙正准备下车，约五岁的小男孩一边努力把背包背好，还不忘提好随身的小袋，德国奶奶只是在一旁观看。待收拾妥当，两人便往车门前进，看得出来小男孩已将背包视为自己的责任，而且根深蒂固。我反省着，是否我们一直以来都为孩子做了太多？在两岁孩子想自己来的时候，就放手让他们练习吧！

小眼睛观察着
1米高台面上的表演

走在市场里，两岁小小孩会被很多事情吸引，有时是橱窗里的花衣服，有时是肉贩搅肉机里正挤出的肉末、大铝盆中游来游去的活鲫鱼、打着气泡在水里划的活虾，就连菜摊上的讨价还价，小小孩都兴致盎然地分心关心着。

“打泡泡到水里是让小虾可以吸到空气呢！”我说。

“没有空气会死掉吗？”小小孩问。

对于小虫子死掉这件事，两岁小小孩有些经验，前些日子才在桌子底下发现干掉的小蝴蝶。

“没有打空气是会死的。”我回答。

两岁的小小孩开始会连接相关的经验，喜欢发问，也开始关心周围的事。

其实，市场里除了采购食材，欣赏、研究各摊老板的设备，也是件有趣的事。小时候我常喜欢观察摊子上的老板，对许多老板正在处理的事非常感兴趣，同时心里也有很多的疑问。

那时不太明白，为什么卖放山鸡的阿姨将鸡放入脱毛机里，出来便成了无毛鸡，很想知道离心力到底对鸡做了什么事？那鸡毛混着热水的味道深深地印在脑海，现在每当为家里偷开热水洗澡的鹦鹉吹干羽毛时，热风带出来的气味总将我带回小时候的脱毛机现场……

牛肉摊的大姐总会在切牛肉丝前，将刀子用磨刀棒磨利加工，利落地把妈妈要的牛肉切成细丝，快速的刀工让我对那根神奇的磨刀棒子念念不忘，总想着以后长大厨房里一定要有这一样好物。终于，在一次德国旅行途中带回一把磨刀棒，让我记忆中的刀具情结，巧妙地连上了异国印记。

猪肉摊上的搅肉机神奇地把五花肉变成包饺子的碎肉末，而我总担心着老板的手指会不会不小心搅了进去……带着在菜市场里的许多好奇，我用小小的眼睛观察着1米高台面上的工具表演。

想知道，就大口咬

“这是什么？”两岁小小孩拿起一把青葱问着。

“那是香香的葱，你闻闻看。”我说。

“这是什么？”两岁小小孩再拿起几粒大蒜问着。

“那是好健康的大蒜，你吃吃看。”我说。

小小孩不假思索地大口咬下，随即露出惊讶的表情。

“有点辣吗？没关系，喝口水，不吃就好了。”

“试试看”与“没关系”是我们常

常会用的词语，从两岁开始，消化器官发展渐趋成熟，正是开发新味道的时候，什么都吃吃看，越早开发味蕾越不容易偏食。

曾经访问身边的朋友，家里的两岁小小孩什么都吃吗？会自己吃还是需要喂？通常会自己吃的小小孩比较不挑食。当然，菜是自己买的小小孩对不同味道的食物接受度会更大。

“这是什么？”两岁小小孩子指着桌上一碟尚未处理的秋葵问。

“想吃吃看吗？”我说。

小小孩拿起一根咬了一口，之后一口接着一口，吃得津津有味。我也好奇地拿起秋葵尝了一口，未汆烫的秋葵其实和烫过冰镇后的味道差不多，入口少了些黏稠，多了点清脆的口感。我们在让小小孩尝试味道的同时，也再度开发了自己。

控制之间，手眼取得平衡

“谁要来帮米洗洗澡？”我问小小孩们。

“我要！”“我也要！”两人异口同声地说。

淘米时，小小孩练习拿量杯测量，专注地将米倒入内锅。在过程中让他们体会多与少，过与不及。一人控制水的开关，一人负责洗米，刚开始还未拿捏好力道，不小心把米撒出锅外，水也溢出来了。

“没关系，洗完了再擦就好。”我说。

小小孩多试几次，在开关之间终于找到平衡点。开启这个升降水龙头要费一点力气，先把开关向前推，水龙头因内部水压改变会自动升起，待水龙头完全上升后，水才会流出来；开关往后扳，水便会停止流出。**开关水龙头，运用到手指的大拇指、食指与中指，眼睛看到水满了，大脑发出讯息，手指关水，看似平常的玩水游戏，其实就是很好的手眼协调练习。**

记得一次学校里的两岁小小孩开了间“洗车厂”，每天早上都会在办公室前提醒大家有洗车服务，预约好的车子十点整会开到教室前面，小小孩拿起水管、海绵、抹布开始忙了起来；洗完车，大家还要开会检讨哪里洗得不够干净。几次开会下来，发现车子的上半部是最不容易洗到的地方，怎么办呢？经过开班会讨论，就算垫了小椅子还是不够高，所以车子的上半部由老师协助完成。**两岁小小孩们也可以运用开会得到共识，遇到困难一起找出方法解决。**

学习，往往就在惊讶的瞬间

“想要试试看吗？”我说。

两岁小小孩有些犹豫，因为滑滑的猪脚圈摸起来黏黏的。

“手会黏黏的没关系，等一会儿洗过手就不会黏了。”我再一次鼓励。

受到鼓舞的小小孩愿意再试一遍，终于成功地把滑滑的猪脚放入平底锅，露出开心的笑容。

蔬菜和肉类的手感明显不同，有些小小孩不太在意黏滑的感觉，有些小小孩需要时间来克服。帮小小孩排除疑虑有时是必要的。我注意到，两岁男孩对微溅出的油爆有些害怕，为他更换了锅口稍大的锅子，于是小小孩有了成功的煎锅初体验。

我喜欢给小小孩真实的工具体验，料理的前、中、后阶段，只要小小孩有兴趣都可以让他们试试。握着两岁小小孩的手将青椒划开，剖面露出的青椒籽令小小孩惊讶不已，那个“哇”的声音深深地撞入我心里……学习，往往就在那惊讶的瞬间里。

一个看得见的等待

自己动手做的菜最令小小孩期待，从采购、切洗、煎煮，参与度越高，对食物的接受度也就越高。在食物完成的过程中，同时让小小孩学习等待。

“大人在大厨房准备，小孩在小厨房准备，等大时钟走成直线时就好了。”我这样告诉他们。

“还要多久？”

记得小时候我也常常这样问外婆，大灶上的蒸笼飘出诱人的粽子香气时，总会想知道还要等多久才吃得到。

“当太阳照到米缸时就好啦！”外婆总会给我一个答案，于是我会去搬个小板凳坐在米缸前，等着光线一点一点的前进。

还要多久？有时小小孩要的只是一个看得见的等待。

活动

Activity

出发前的叮咛

“市场里人很多，小手要牵好，就不会走散。”两岁多的小小孩可以接受简单的指令与任务，拿起菜篮和小钱包，今天小小孩要采购青椒、小白菜、金针菇、豆腐、猪脚和鸡蛋。

菜市场中

对什么都感到好奇，都想停下来看一看，好想摸摸小鱼摊的鱼，新鲜是什么？鱼肉有弹性、眼睛亮亮就是新鲜的……

Tip 提示

逛菜市场途中会有很多让小小孩分心的事，漂亮的衣服橱窗、小鱼摊里还在游泳的小鲫鱼、水果摊上亮丽的水果都会吸引小小孩的目光，只要小小孩有兴趣都是教育机会。两岁的小小孩喜欢尝试新挑战，小菜篮里装满了自己挑选付账的蔬果，虽然有点重，但是会想要自己拿，大人可以让孩子提一阵子，从小培养责任心，让帮忙家事内化为一种习惯，教养就从生活中的小地方开始。

Tip ▶ 两岁开始，消化器官发育较成熟，适时让小小孩尝试一些新的味道，什么都吃吃看，越早开发味蕾越不容易偏食。

想知道，就大口咬

菜篮里的葱是什么味道？两岁是小小的天生冒险家，安全范围内的尝试是个好主意，咬一口看看，煮之前是什么味道？一点点辛辣感、微微的甘味，凡事都给一点新的可能。

帮米洗洗澡

两岁的煮饭游戏，两人合作无间，一人控制水的开关，一人负责替米洗澡。两岁开始从尝试及错误中学习解决问题的方法，水太多了就要关水，让小小孩围上小小围裙，就算溅出水花也没关系。

Tip 玩水是小小孩的最爱，开关之间训练手指肌力，水满了要关水，眼到手也要到，在日常生活里练习手眼协调。

煎猪脚帮手

有了合适的工具，两岁也可以是厨房好帮手，小小的平底煎锅与铲子，一次一圈试试看。

Tip 蔬菜与肉的手感明显不同，有些小小孩很快就可以拿起滑滑的猪脚圈，有些小小孩要花一些时间克服黏黏的手感，大人在一旁观察鼓励："手黏黏的没关系，等一会儿洗手就可以。"

小瓦斯炉开小火，不要超过平底锅下缘，提醒小小孩只要不碰到金属部分都不会烫手。煎东西产生的小油爆对小小孩来说会是个考验，大人在事前要帮忙擦干食材表面的水。火的控制很重要，想要更自在地翻面，换个锅口稍大的中锅也可以，小小孩的煎锅初体验就会很成功。

折豆子、切豆腐，都拿来煮

两岁小小孩被摊子上长长的金针菇吸引，坚持买下可爱小菇，午餐就拿来料理吧！配上节令四季豆，大人先撕去两边纤维，让小小孩帮忙折成小段，同时练习手掌握力，折大折小没关系，工作开心就好。

Tip 越是新鲜时令的四季豆，纤维越细致；豆腐放在长盒子里就不会滑动，是很好的切工练习对象，大人手握住小小孩的手，两岁也可以感受真实好用的刀具。

用撕用折择青菜

洗干净的菜叶，小小孩来加工，给他们一些任务，料理变成欢乐时光，生活中随时都会有好玩的游戏！

Tip ▲ 撕菜叶用的手指与折豆子不同，运用不同的食材让小小孩交换使用手指肌肉，帮大人完成料理前置作业会让小小孩很有成就感。

打蛋

迷你打蛋器最适合让小小孩来搅拌，容器里的蛋黄与蛋白在搅动中慢慢地融合在一起。

Tip 操作过程中，大人可以用正确的词汇教小小孩分辨蛋黄与蛋白，让小小孩体验蛋液的黏稠感。

试切青椒手感

只要小小孩想尝试，两岁也可以切切看，刀子划开的那一瞬间，哇！原来青椒里有那么多小小种子。

Tip 大人握着小小孩的手试切青椒手感，有点光滑的外皮需要一些下压的手劲才划得开，食材处理前、中、后阶段尽可能都让孩子参与。

Tip ▲ 在等待食物烹煮过程中，小桌上的锅、盆、小蒸笼都是玩具，大人小孩各自都有厨房。

在游戏中等待

自己动手做的最令人期待！从采购到切洗，参与度越高，接受度也就越高。

开动了 蛋酱青椒手拿沙拉、古早味猪脚、清炒手择小白菜，每样都要尝一点。

Tip 蛋料理是小小孩接受度最高的食物，将青椒洗净、切成长条状，方便小小孩拿在手上；猪脚用剪刀剪成方便入口的小块。

午睡后的点心

小睡充电后，来个蛋糕小点心。小小孩的反应很直接，好吃总想再多要一些……

Tip 让两岁小小孩从采购、准备、切洗、下锅到完成成品，时间的拿捏很重要，这次从出发到用餐总共花了三个小时，对两岁小小孩来说，在体力上是个挑战。时间不充裕的时候，其实可以分段进行，把市场采购与食物制备分开，上午逛完菜市场，午睡过后再开始厨房里的料理游戏，在小小孩体力、精神状况都好时进行亲子互动。

厨房里的游戏（两岁左右的孩子）

- ☐ 运用手指练习抓取动作，将切好的块状物放入容器里
- ☐ 运用三指以上撕碎叶片放入容器
- ☐ 喜欢开关水龙头
- ☐ 利用塑料刀将小黄瓜切块，切好后放进碗里
- ☐ 将小番茄的蒂头去掉
- ☐ 帮忙用汤匙将砂糖舀进钢盆里
- ☐ 将食材与沙拉酱混拌均匀
- ☐ 利用搅拌器打蛋液

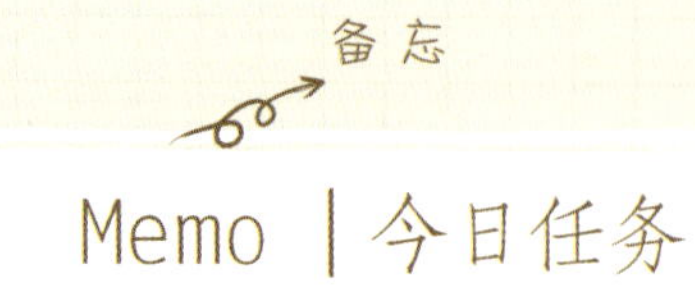

金针菇豆腐汤

古早味猪脚

清炒手择小白菜

蛋酱青椒手拿沙拉

金针菇豆腐汤

金针菇 1 包
豌豆荚 10 片
豆腐半盒
绞肉 200 克
姜丝少许
盐 1 小匙

1. 将金针菇剥散，切成四小段；豌豆荚择去两侧纤维，切成一指宽小段；豆腐切成 1 厘米见方备用。
2. 锅中煮滚 3 碗水，放入绞肉，用汤勺将肉分散后，放入姜丝、豆腐丁、金针菇段，小火煮滚 5 分钟，起锅前放入豌豆荚，加盐调味就完成。

古早味猪脚

切块猪脚 1 只
姜片 5 片
辣椒 2 个
葱段 2 段
酱油 5 大匙

1. 辣椒洗净备用。
2. 开中火，用少许油将猪脚两面煎至金黄，移入有深度的锅中，放入姜片、葱段、辣椒，倒入酱油，加水 600 毫升淹过猪脚，改大火煮滚后，关小火焖 40 分钟，起锅前开盖收汁就完成了。

清炒手择小白菜

小白菜 250 克
姜片 3 片
盐 1 小匙

1. 小白菜洗净，切段。
2. 炒锅加 2 大匙油烧热，先放盐再加入姜片，爆出香气后，倒入小白菜，大火炒至叶片微软即可。

蛋酱青椒手拿沙拉

鸡蛋 4 个
青椒 2 颗
酱油（或豆瓣酱）1 大匙

1. 鸡蛋打散备用。
2. 锅中加入 3 大匙油以中火烧热，倒入蛋液，快速翻炒至微凝固，放入酱油后关火，即成蛋酱。
3. 青椒洗净，对切去籽，将蛋酱填入青椒片的凹槽就完成了。

我也可以

两岁小孩的语言、认知、情绪发展和自理能力

手部运用

- ☐ 会把四块或更多的积木 / 小盒子叠成小塔
- ☐ 可以扭动瓶盖及塞小柱子到孔内
- ☐ 会用色笔涂鸦并开始惯用左手或右手

语言能力

- ☐ 能辨别多个熟悉人物的名字和物品名称
- ☐ 能分辨多个不同的身体部位
- ☐ 会开始将名词和动词组合起来

认知发展

- ☐ 开始会将物品按形状及大小分类
- ☐ 爱玩假想游戏扮家家酒，开始会以自己为对象，会喂自己或洋娃娃吃饭
- ☐ 会拿起梳子替自己梳头，之后会扩展到其他人
- ☐ 开始从尝试及错误中学习

社交和情绪发展

- ☐ 通常比较以自我为中心
- ☐ 爱看其他孩子玩耍，也爱和他们在一起，开始跟其他孩子有互动游戏
- ☐ 占有欲强，会和其他孩子争玩具
- ☐ 会用动作或语言表达自己的需要，也会引领他人去注意他感兴趣的事物
- ☐ 开始模仿成人和年长孩子的行为

自理能力

- ☐ 会尝试自己用调羹进食和用杯子喝水
- ☐ 会自己穿脱鞋子
- ☐ 会告知他人要上厕所

◎参考资料来源：《婴幼儿评量、评鉴及课程计划系统 I -IV》Diane Bricker、Misti Waddell 编著

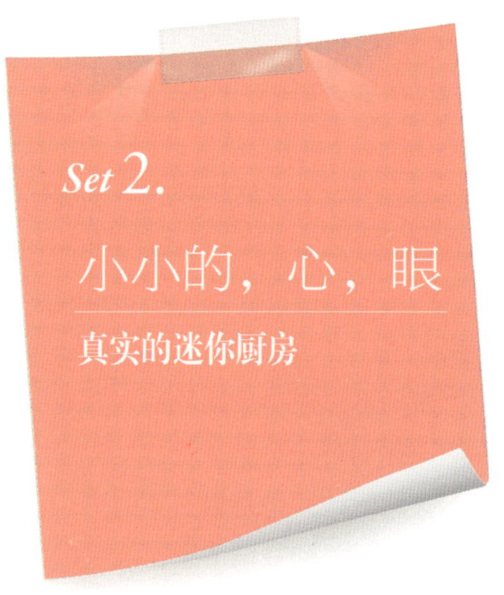

Set 2.
小小的，心，眼
真实的迷你厨房

即便是经过多年依然令人难忘，一个隐身在苹果树林里的德国幼儿园，有着一套完整得令人惊艳的迷你版儿童厨房，操作台面下镶嵌着真的烤箱和迷你小水槽，方便工作的中岛上有着适合小孩握持的擀面棍、刀具、汤勺、汤锅、平底锅等，各式工具一应俱全。置身在窗明几净、绿意盎然的环境里，如同在森林中做菜一般，当下真想就住在这里了，在这个只会出现在想象中的理想梦幻厨房，享受烹饪的乐趣。

一日午后，我将茶几四个桌脚各垫一块空心砖，客厅里平凡的茶几立刻变身为50厘米高的小小中岛，山寨版的中岛上摆了几个迷你平底锅、迷你炒菜铲、可爱的小砧板与小刀。我复制一个迷你版的厨房，准备了黄豆芽、排骨、绿竹笋、木耳、鸡腿，等着我的三岁小厨师来上班。

三岁小女孩经过，被我的迷你厨房吸引，走进来想要帮忙择黄豆芽。

“为什么要把豆芽的须须择掉？”三岁的小女孩好奇地问着。

“择掉须须后，菜炒好才不会缠来缠去，乱乱的，这样子比较漂亮，有时候煮菜也要看起来美美的。”我想还是要从小地方开始学习欣赏美，所以这样认真地回答。

“不择掉也可以吗？”小女孩疑惑地问我。

“如果不想择掉也没关系，都是可以吃的，你们可以自己决定。”**清楚告诉小小孩问题的因果是很重要的事，食材废弃的取舍关键资讯多了，就可以举一反三推论。**我等着三岁小女孩的决定。

“我们也想要美丽的菜。”

显然“美丽”对小女生是个关键字。

想要吃到好吃的菜，新鲜当季是第一考量，若能在食材的前处理多下点功夫，做出来料理就会有不同的风味。简单的豆芽，如果能在拌炒之前择去细须，炒出来的豆芽菜就会多了爽脆口感，这是一件实行上相当简单，但是要花些时间完成的细活，交给小小孩来加工再适合不过。

“一只手的食指和拇指捏到豆芽的根部，用另一只手食指和拇指把须须捏掉就可以了。”我边示范边讲解。

“是像这样吗？”小女孩完成了一个，拿着问我。

“哇！做得真好！”我诚心地赞美、鼓舞两个小女生的认真投入，不一会儿一袋黄豆芽全都整理完毕。

“你看，我们把黄豆芽都排好队了。”三岁女孩开心地告诉我。

“还有，连须须都排好了呢！”接着得意地说。

不要的须须也排得那么整齐，方便下一步的清理，三岁可以想到这些，真是让我意外极了。孩子对事情可以举一反三地推理，这多出来的火花，让我重新去认识孩子的学习力，学习不设限，才会得到无限可能呢！

成就感是积累自信的开始

篮子里有几支尚未脱去外壳的春笋，故意留着外壳保持笋子的鲜嫩，我想让三岁小女生试试。

“有人想帮竹笋脱衣服吗？”我带着一点担心地问着，心里想着这外壳会不会有点硬，小小的手指会不会剥不动？

“我想试试。”

“我也要。”

两个小女生跃跃欲试，一点都不在意那看起来有点硬的外壳。

“来，先帮竹笋直直地划一刀，再这样一层一层往里把壳脱掉。”我放慢示范速度，小女生认真地看着。

“像这样吗？”小女生剥下了一层外壳后问我。

“对，就是这样。”我开心地回答，也笑自己多余的担心。

路过的两岁小女孩也好奇地想要试试，我拿了一支用刀划过的竹笋给她。

“你看，像姐姐一样，从刀子切开的地方剥下来。”我一边说一边示范，剥下一层笋壳。

“我也会。”两岁小女生很自信地说，立刻动手剥起竹笋。

让小小孩替竹笋剥去外壳，真的一点都不难，两岁的小小孩就可以胜任这个工作。**我们在让小小孩做事之前，有时会不经意地先预设事情对小小孩的难易，其实小小孩要的只是一个好的引导与真心的赞美。完成任务产生的成就感，就是积累自信的开始。**

喜欢，从观察开始

学校厨房里的两位大厨是手艺精湛的型男，一位擅长西式餐点，一位喜欢中式料理。我常常很好奇，这么年轻的男生是从什么时候喜欢上古早味料理的？

“很小的时候，我就很喜欢看大人煮菜，阿婆煮菜我都在旁边帮忙，很多传统料理的方法不知不觉就记下来了。”大男生腼腆地回答我。

“我也一样呀！”我如获知己般兴奋不已。

“爸妈带我们兄妹三人去买玩具，我都直接走到扮家家酒专区，那时买的玩具都是小锅、小铲，有空就会搬出来玩请客游戏。”大男生接着说，“有一次家里来了客人，到了吃饭时间，会煮饭的妈妈和外婆都不在家，十二岁的我只好赶鸭子上架，凭着记忆做出一桌子菜来。”大男生很肯定地说：“我初中二年级时就立志要当大厨师！”

喜欢，是学习很重要的动力。

记得自己小时候也是外婆厨房里的小跟班，小学前外婆家还是用大灶生火炒菜，每当下午太阳走到大灶中间，就要开始准备做饭，那是我每天最期待的时刻。小小的人站直了，也只能看到砧板上正在剁肉的刀子挥舞，为了想要看清楚，我搬了板凳想尽办法站上大灶边

缘，很可惜没多久就让大人给抱下来，坏了我的完美观察计划。

除了在外婆的厨房里观察自学外，偶尔的办桌喜宴场合也是我的秘密练习所。小孩子胃口小，吃完三道菜就想溜下桌玩耍了，我常会站在大厨旁边，看着接下来每一道菜的做法，知道了蒸笼里端出的大鱼上桌前，在撒了葱姜细丝的表面淋上一勺热油是好吃的关键；起锅前加上太白粉水，锅里的美味就会变得浓稠；炸得酥脆的大鱼是要用很多油才会成功……许多的料理细节在不经意间就这样输入脑海中。

有时一本书，不经意地种下喜欢的种子

“小学时看过一本卡通书，是一个天才小厨师的奋斗故事，卡通书里的做菜神技令我着了迷，那时我好想和他一样，”厨房里的大男生这样告诉我，“常会趁妈妈不在家时偷偷发明新菜品，哈哈！那时我妈只跟我说不要把厨房毁了就好。”说着露出开心的笑容。

“中学时，我常请同学来家里品尝新菜；读专校的时候，家里经营餐厅的同学找我一起去考厨师执照，就这样考上了……就是喜欢煮饭啦！”大男生回答得直接，对于烹饪就是单纯的喜欢，发自内心的主动。由崇拜故事里的主角，到后来变成和主角一样，每天悠游在令人开心的厨艺世界里，想必也是他始料未及的事吧！

想起自己小时候也像这个大男生一样，被一本烹饪故事书里的情节深深吸引，至今仍依稀记得每次翻阅时的激动。

在那本关于小小厨房的图画书里，画有小孩高度的料理台、帮着大人去市场采购的情节，画中的小孩跟着大人买完菜回家，会和大人一起切洗食材与做菜，也和小朋友们一起在院子里的大树下玩扮家家酒。不知为什么总是十分羡慕书里的小孩，想着有一天也要像书中小孩一样，拥有一间窗外有绿树摇曳的迷你厨房，在洒满阳光的午后，和小孩一起享受厨房里的光与影。

Activity 什么都要小小的

小小的锅子、小小的铲、小小的汤勺、小小的碗，什么都是小小的，迷你的尺寸让做菜变成有趣的游戏。

豆芽菜也要排好队

择豆芽是很好的手指灵活度练习，两三岁的小小孩就可以做得很好，大人示范一次之后就可以放手让小小孩自己完成。两岁的小小孩有时需要多一些提醒，或许偶尔会不小心混进择掉的须根，“没关系，拿起来就好。”只要用鼓励的语气提醒，小小孩也会越做越好。

念念不忘的排骨

择完豆芽的两岁小女孩一直念念不忘尚未完成的黄豆芽排骨汤，又走回我的迷你厨房。我拿起一个大汤锅请小女孩帮忙放入食材。排骨汤的做法很简单，先放姜片、小肉排，加水煮滚后转小火焖 30 分钟，小女孩在放食材同时也体验到肉排与姜片不同的触感，触觉的开发对小小孩很重要，有些小小孩对没摸过、软软滑滑的手感会不太喜欢，多一点经验后，下一次就上手了。

帮竹笋脱衣服，真的不难

看着小小孩认真剥着竹笋外壳，一层又一层，在折断尖端的瞬间，“啪”的一声，小小孩露出完成的喜悦，厨房里有很多有趣的工作，等着我们一起开发。

（X）　　（√）

三岁也可以练习切菜

大部分大人对于小小孩使用刀子都会有些担心，常会找些塑料餐刀来替代，但有的食材用塑料刀切得开，有些食材却切不开。对于刀子的使用，我比较喜欢让小小孩体会刀子的真实感，提供小小孩使用的刀具，外形选择以圆弧前端为首选，长度约小小孩两个拳头为佳。

Tip 第一次用刀的小小孩，要提醒他们辅助的手指要记得弯曲，眼睛要注视着正在切的食材。只要经过一段时间练习，三岁孩子也能成为最佳的切菜小帮手。

对小锅盖有着莫名好感

观察几个进来小厨房煮菜的小小孩，都对桌上小小的木制锅盖显得兴趣浓厚，翻炒几下，就会拿起木盖把锅子盖上，一会儿又再打开检查食物焖煮进度，开合之间有着对食物完成的期待。小小的心等不及鸡肉焖软，一直问着：“笋子可以吃了吗？”“木耳呢？”只要是自己动手的，什么都很期待！

厨房里的游戏（三岁左右的孩子）

- ☐ 择去黄豆芽的须根
- ☐ 分辨食材的留与不留
- ☐ 剥除笋子的外壳
- ☐ 使用小餐刀练习切开较柔软的食材
- ☐ 把切好的食材放进汤锅
- ☐ 体验各种食材不同的触感
- ☐ 开合锅盖
- ☐ 分辨食物制备完成与否

Memo | 今日任务

春笋木耳烧鸡

黄豆芽排骨汤

春笋木耳烧鸡

笋 4 支
木耳 2 片
鸡腿 2 只
姜片 6 片
酱油 5 大匙

1. 笋去壳，切去粗硬纤维，切滚刀块；木耳切大片；鸡腿洗净，切大块备用。
2. 炒锅加少许油烧热，放入鸡腿块煎成金黄色，加入姜片、笋块、木耳片，淋上酱油拌炒，上色后加水 500 毫升焖煮 30 分钟，起锅前收汁即可。

黄豆芽排骨汤

黄豆芽 200 克
排骨 300 克
姜片少许
盐 1 小匙

1. 黄豆芽择去须根，洗净备用。
2. 排骨氽烫去血水后，加入姜片和适量的水煮滚，改小火炖 30 分钟，再放入黄豆芽，小火煮滚 5 分钟，起锅前加盐调味就完成了。

我也可以
三岁小孩的语言、认知、情绪发展和自理能力

手部运用

- ☐ 会拿笔画直线和横线
- ☐ 会用积木类的玩具构建立体概念
- ☐ 会串珠子
- ☐ 会逐页翻开书本
- ☐ 会旋转发条

语言能力

- ☐ 懂得听从简短的指示
- ☐ 会辨别大部分的常见物品及图片名称
- ☐ 会明白动词和形容词，例如：打开、很热
- ☐ 懂得回答简单的“是否、什么、哪儿”等提问
- ☐ 会说简单的句子，例如：哥哥吃糖
- ☐ 开始使用代名词，例如：你、我、他
- ☐ 在提问下懂得说出自己的姓名和年龄
- ☐ 爱问“这是什么？”

认知发展

- ☐ 会配对物品和图片
- ☐ 能辨别某几种颜色
- ☐ 开始对数字有概念，会明白“一个、两个”的意思
- ☐ 能完成 3 ~ 4 块的拼图
- ☐ 扮演游戏已变得较为复杂（如扮医生或老师），甚至利用某些物件做其他用途（如拿梳子放在耳边打电话）

社交和情绪发展

- ☐ 仍以自我为中心
- ☐ 会模仿成人和玩伴的行为
- ☐ 喜爱熟悉的玩伴
- ☐ 开始懂得等待，也会与人分享物品
- ☐ 不如意时会发脾气、出现叛逆行为

自理能力

- ☐ 白天不会尿湿裤子
- ☐ 自己吃东西，技巧已较为熟练
- ☐ 会穿上和脱掉简单的衣物

◎参考资料来源：《婴幼儿评量、评鉴及课程计划系统 I -IV》Diane Bricker、Misti Waddell 编著

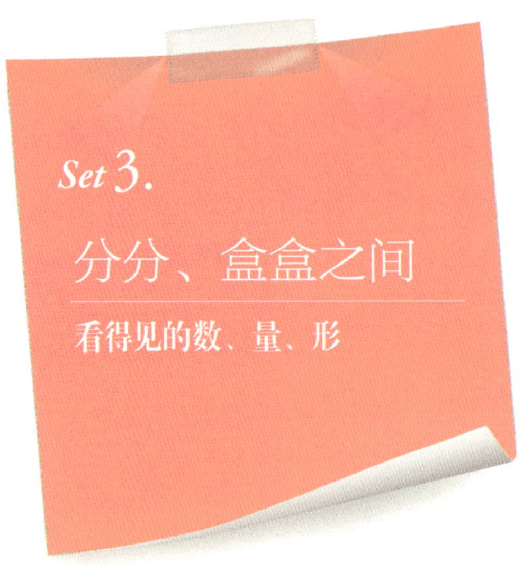

Set 3.

分分、盒盒之间

看得见的数、量、形

从市场回来，一袋袋的蔬果鱼肉散落一地，正在喝水喘口气时，四岁的小小孩问我：“这些菜和肉要放到冰箱里吗？”

“是要放到冰箱，但是我们要先当超市店员，把这些东西分类装好再放进冰箱。你们要帮忙吗？”

小小孩喜欢玩扮演游戏，对开店这个主意显得兴趣浓厚，一个个纷纷露出期待的眼神。

“青菜全部挤在一起，袋子没有绑紧就放进冰箱，过几天就会变得干干黄黄的。”小小孩需要眼见为凭，我把上回没有处理好的干黄小白菜从冰箱拿出来，与新鲜蔬菜对照。

“真的呢！”

“那放到冰箱里为什么会变得干干的呢？”

“就像我们一直待在空调房里，会觉得皮肤很干，青菜没有包起来也会变得干干的。”**对新事物的说明，如果能够借着小孩的旧经验，会更容易帮助孩子理解。**

“你们看，把一次要吃的青菜先喷一点点水，再用大张餐巾纸卷好，最后用合适的塑料袋装起来绑好，就可以放到冰箱里了。”

我一边做动作一边说明，小小孩认真地看着，很想自己动手试试看。

“为什么不用报纸呢？我阿嬷都用大报纸包呢！”小女孩提出质疑。

“因为报纸上面有黑黑的油墨，你看！”我拿起身旁的报纸，用手抹了一下，举起黑黑的手指。

“哇！好脏的手指哦！”小小孩眼睛看到就会印象深刻。

“用报纸来包青菜，有可能会沾到油墨，没洗干净吃到肚子里不太好。”我再次强调说。

小小孩同意地点点头，开始当起了包装店员。

“如果是四个人要吃，大概秤 300 克就够了。”我把秤拿出来，顺手在 300 克的地方贴上标签。

我喜欢让小小孩玩弹簧秤，磅上指针会随着东西的多与少而变化，对于还不太认识数字的小小孩是很好的学习工具，看久了对于数、量、形就更容易产生对的印象。

小时候我很喜欢玩父亲放在柜子里的天平，天平基座的上端有两个小托盘，一边放砝码，一边放要秤重的东西，木盒里的砝码从 1 克到 100 克，每个重量的砝码都有自己的格子。木盒里还有砝码专属的小夹子，每次要称少量的克数，都要用小夹子小心夹起薄片砝码的一角，轻轻地放在白色小托盘上。我常常忘情地看着天平两端的重量对应关系，想象自己是商店的老板，正在为顾客精准地量取货品。

看得见的数、量、形是孩子很重要的数学游戏。由于秤的东西重量不同，小小孩会看见弹簧秤的指针上上下下移动——称量重的东西，指针会往下沉，有时还会绕一圈过了头；把东西拿掉一些，指针会往回走，轻、重、多、少的概念就这样印在孩子的脑海中。

小小的用心，让下一次更方便

“还有绞肉、排骨也都要分装成小包喔！”

一大包的食材要解冻，对于要在短时间做出料理，又忘了提前将食材拿出冷冻库的妈妈来说，是件令人懊恼又心急的事。因此，每次采购食材回家，分装便成了重要的前置作业。

“我们来分每次要用的排骨，四个人大约要六七块。”我想花些时间教四五岁的小孩学会分装食材，先做示范，数了七块小排放进袋子里铺平，绑好袋口。

“为什么要像那样压扁呢？”四岁小男孩问我。

“这样放在冷冻库里很快就会变成肉肉冰块，肉比较能保持新鲜，而且下次要用时，薄薄的一片很快就可以解冻，妈妈煮晚餐会很方便又快速。”**对小孩说明事情原委时，真实性与好处是重点。**

“那绞肉分好也一样要拍平吗？”五岁小女孩很快地举一反三。

“是啊！要冷冻起来的东西都可以这样做，”我开心地回答，“这样冰箱的冷冻库就会很整齐，要找东西也会很方便。”

“奶奶家的冰箱，一打开就会有东西掉出来，嗯……还会有菜的味道。”听到我的回答，小女孩马上心有所感地接话。

“爷爷家的冰箱里还有去年过年的年糕哦！”大家七嘴八舌地说着家里的冰箱故事。

和小小孩聊天很有意思，常常会在无意间泄漏家人的秘密。说着奶奶冰箱窘境的小女孩，肯定是想帮忙家人解决问题，所以这样认真地讨论着。

其实很多人家里面的冰箱也是这样，一袋一袋未处理的食材，随意堆叠，通风不良，保存期限相对缩短，无形中造成了不必要的浪费，没有封紧的食物味道相互影响，也会让之后做出来的料理走味。

“把买回来的蔬菜、鱼肉分装好是很重要的喔！这样东西不容易坏掉，就不会浪费食物，也算爱地球呢！”加上了爱地球的使命感，小小孩的眼中露出环保小尖兵般坚毅的眼神，嗯！**好习惯要从小开始培养。**

可以冰，不可以冰，可不可以冰

小时候，外婆家的橱柜底下有一个陶瓮，装满细沙的瓮里藏着一块块老姜。外婆的老姜是不放冰箱的，埋在沙里的老姜要用的时候挖起来，掰下一小块再埋回沙里。小时候漏看了老姜埋入沙里的片段，总以为那沙里的老姜会生小孩，否则怎么每次要用，去沙里挖开都会有！

“不是每样东西都可以放冰箱的。”

我想还是要对小孩厘清一下保存观念。

“我知道，我们家的大蒜都用网子挂在厨房架子上。”小男生很得意地说。

“有些蔬菜不喜欢太冷，放在太冷的冰箱里，蔬菜会冻坏的。”我说。

“天气太冷，我的手也会冻坏。”小女生有过冻伤经验，这样告诉大家。

“所以，不喜欢太冷的叶菜类，打算在冰箱放超过七天，就要放在冰箱的蔬果盒里。”

“而且要趁新鲜快点吃完。”小男生下了结论。

“像洋葱、马铃薯，在天气不热的时候，放在厨房干燥、凉快的地方就好了。”我接着补充举例，“还有些东西不能冰在冷冻库，像春天的竹笋、秋天的莲藕、有着新鲜大叶子的蔬菜。冷冻过的竹笋、莲藕口感会变得粗粗的，很硬又很难咬，绿色大叶子也会冻坏，就不好吃了。”

小小孩的理解能力有时会出乎大人想象，对于有兴趣的事，其实是很有联想能力的。

“嗯！我知道用玻璃瓶装的饮料也不可以冰在冷冻库里，上次我哥哥就把它冰破了。”五岁小男生有过冰坏的经验，也告诉大家。

这么多不同的食物保存方式，最适合和小小孩一起在厨房工作的时候，用聊天的方式带入，在小小孩动手分装、保鲜的过程中，慢慢就会内化成生活中实用的知识。

Activity

看得见的测量

四人份的青菜一餐有多重？每个家庭都不尽相同，超市里的生鲜蔬菜大多是 300 克一包，第一次的包装就称 300 克吧！用看得见指针的弹簧秤来称量，多一些少一些，指针都会说话，等青菜都秤好，小小孩已经认识“300”了。

方便食材，好处理

料理前花一些时间处理，分装、冷冻、清洁、保鲜，会让每一次使用更便利。采购回来的鱼、虾、肉类需要小帮手协助分装，花些时间仔细教会每一步骤，将分装食材整理平整放进冰箱，下次取出解冻使用才会节省时间。

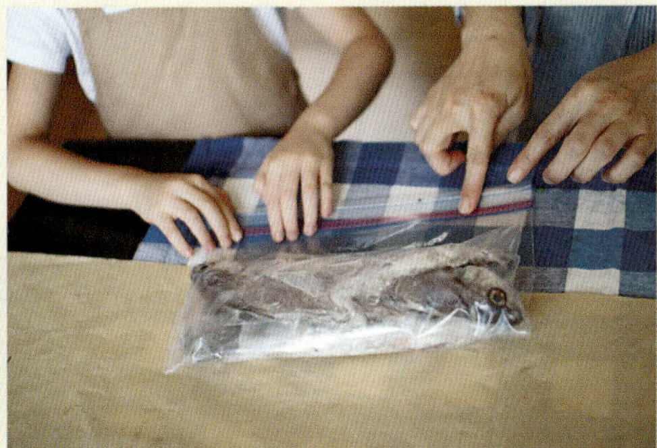

【 鱼 】鱼的冷冻也是以一餐为单位，五尾小型鱼就分成两包吧！每一份都用保鲜膜包裹好，再一起放入夹链袋，形状不整齐就把鱼头对上鱼尾，压出空气封好袋口后放入冷冻库。

【绞 肉】料理时绞肉用量较难拿捏，那么就让它有多有少。将秤好的绞肉倒入小夹链袋，先铺平整，压出空气，再放入冷冻库。

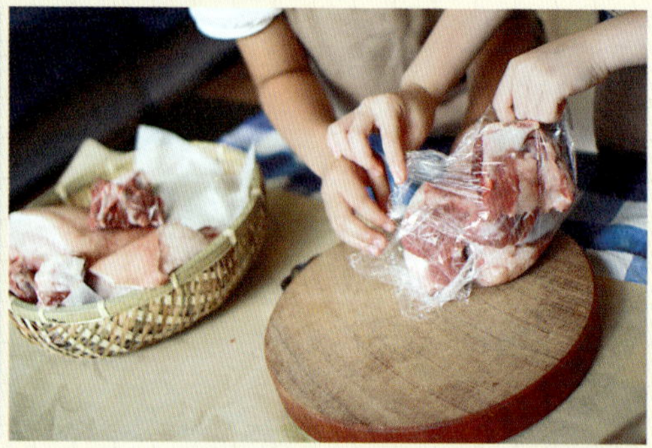

【排　骨】用小袋子装好一次的量，压出空气封口。如果不想用太多袋子，也可以使用保鲜膜，将一次的用量包成一包，尽量放平整，最后压出空气封口。

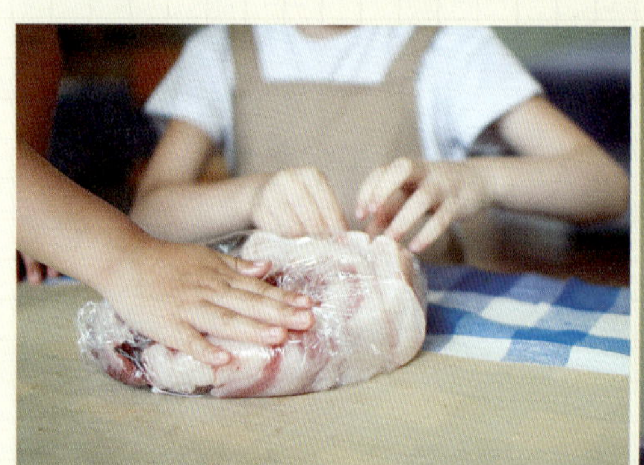

【五花肉】五花肉以整块为单位，使用保鲜膜包好，一起放入袋子里冷冻。

Tip 如果装成太多零散的小袋，东西一多反而不好找，把相同食材再用大袋子包装分类，使用上会更加方便。

烤迷迭香鸡腿

买回的鸡腿如果已经有预定的料理计划，可以在分装时连同香料放入袋中，在烹调前一晚移至冷藏室解冻，第二天就会是道方便、快速的美味。

Tip 这道迷迭香鸡腿没有过多的刀工，也很适合小小孩来操作。

清炒姜片丝瓜

四岁的小男生还无法单手拿着丝瓜刨皮，可以将丝瓜平放在桌面，一手固定丝瓜，另一手用刨刀刨去外皮，在厨房里的工作要依照孩子的个别情况来调整。

欧姆蛋卷 在做欧姆蛋卷时，准备好不同的馅料，让孩子尽情发挥想法，自己搭配蛋卷的口味。

金菇肉末姜丝汤

拿出一包绞肉解冻，配上金针菇与姜丝，很快就能端出一锅好汤。绞肉的保存常会影响料理品质，保存得宜，解冻后依然保持绞肉的鲜甜；保存不当的绞肉在解冻料理时容易有腥味。

厨房里的游戏（四五岁左右的孩子）

- ☐ 运用适合的刀子切断食材
- ☐ 模仿大人将左手指微弯固定食材
- ☐ 将食材切成小丁
- ☐ 练习用刨刀刨去丝瓜外皮
- ☐ 闻闻迷迭香的味道
- ☐ 练习简单的秤量食材
- ☐ 分装食材

Memo | 今日任务

烤迷迭香鸡腿
清炒姜片丝瓜
欧姆蛋卷
金菇肉末姜丝汤

烤迷迭香鸡腿

去骨鸡腿 2 只
盐 2 大匙
意式香料 2 大匙
（或任何喜欢的香料）
橄榄油 2 大匙
（不加也没关系）
新鲜迷迭香 2 小支

1. 去骨鸡腿洗净拭干，将盐与香料混匀，抹在鸡腿两面。
2. 平底锅烧热，加入橄榄油，待油温升高后，皮朝下放入鸡腿，煎至呈金黄色，起锅备用。
3. 烤箱预热至 200℃，将鸡腿皮朝上放入烤盘，撒上迷迭香叶，移入烤箱烤 15 分钟即可。

清炒姜片丝瓜

丝瓜 1 条
姜片 5 片
盐 1 小匙

1. 丝瓜去皮纵切剖半，切成约 1 厘米厚半圆片。
2. 锅中加 2 大匙油烧热，放入姜片炒香，下丝瓜片拌匀，改小火焖至软，起锅前加盐调味即成。

欧姆蛋卷

鸡蛋 4 个
红椒、黄椒、鲜香菇、小黄瓜、洋葱丁各 1 碗
盐 1 小匙
胡椒粉适量

1. 蛋打散备用（如果每个人都想自己卷，可以一次打一个蛋，卷入自己喜欢的馅料）。
2. 平底锅加少许油烧热，放入喜欢的蔬菜丁拌炒，加盐调味，炒至微软盛起。
3. 利用锅里剩下的油，倒入蛋汁快速搅拌数下，将炒好的蔬菜丁放在 1/3 处，30 秒后从有馅料这端开始卷起，盛盘后撒上少许胡椒粉提味。

金菇肉末姜丝汤

金针菇 1 包
细绞肉 300 克
嫩姜丝约 1/3 碗
盐 1 小匙

1. 将金针菇剥散，洗净，切成四小段。
2. 汤锅加水 500 毫升煮滚，倒入细绞肉，用汤勺打散，捞去表面浮沫，再下嫩姜丝与金针菇段，转小火煮 10 分钟，起锅前加盐调味就完成了。

我也可以

四岁小孩的语言、认知、情绪发展和自理能力

手部运用

- ☐ 会像成人般拿笔
- ☐ 会画圆形和正方形
- ☐ 开始学习以直线和横线构成简单线条
- ☐ 会画出有数个身体部位的人物（头、四肢、眼睛、嘴巴）
- ☐ 会尝试用剪刀剪纸

语言能力

- ☐ 能听从成人的日常指示（把衣物放到洗衣篮里）
- ☐ 爱听简单的故事，会要求重复地讲
- ☐ 常用的词汇可达数百个之多
- ☐ 能正确使用代名词
- ☐ 用简单的句子表达自己的需求与感受
- ☐ 开始与成人交谈
- ☐ 说话清楚，虽然有些字发音仍未正确，但陌生人也可以听得懂
- ☐ 会边唱边做动作

认知发展

- ☐ 喜欢发问“为什么？谁？怎样？”
- ☐ 明白“量”的基本概念（大小、高矮、长短等）
- ☐ 会说出几个颜色
- ☐ 可以数一到十，也可以正确地数三至四个物件
- ☐ 开始对自己的日常活动有简单的时间概念，对固定的事情有对应的时间关系

社交和情绪发展

- □ 爱玩假想游戏和角色扮演
- □ 会和同伴玩合作性的游戏
- □ 开始意识到自己的性别
- □ 较喜欢同性的玩伴
- □ 会控制自己的行为，遵守规则，轮流分享玩具
- □ 能察觉别人的感受，也可能会尝试安抚玩伴
- □ 处于幻想期，可能会把不熟悉的影像当作可怕的怪物

自理能力

- □ 通常在晚上不会尿湿裤子
- □ 能熟练地用调羹吃东西
- □ 可以自行脱掉简单的衣物，会解开衣扣，但仍要他人帮忙把衣服穿好
- □ 会自己穿不用绑鞋带的鞋子
- □ 会自己洗手

◎参考资料来源：《婴幼儿评量、评鉴及课程计划系统Ⅰ-Ⅳ》Diane Bricker、Misti Waddell 编著

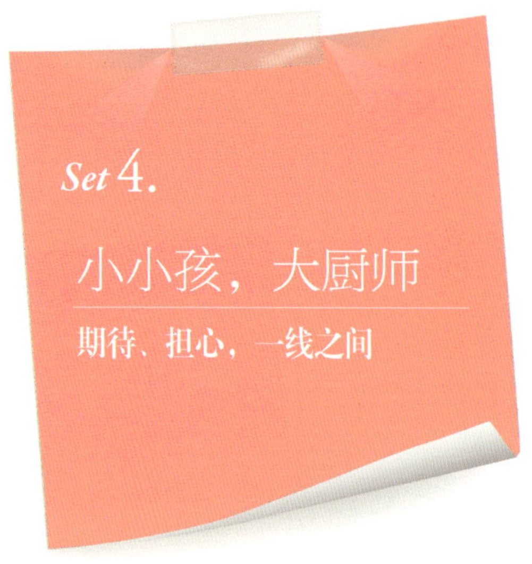

Set 4.

小小孩，大厨师

期待、担心，一线之间

不小心打翻了一碗汤面后，任凭妈妈怎么劝说，四岁的我再也不去上学了。现在回想起来，记忆中第一次上学的那个星期，每到十点的点心时间，我就会莫名紧张起来，总担心待会儿端出的餐点，会不会又是自己害怕吃的汤汤水水。记得每次在吃点心的时候，身旁的修女老师总会用眼睛到处巡视，看看哪个小朋友的碗里没有吃干净，那样的气氛让已经忐忑不安的小孩更是手足无措，我想那碗汤面就是那样打翻的，事后老师的指责与同学的讪笑，让我有了逃学的借口。

常常想起这一段入学初体验，如果那时有善解人意的老师、令人放松的用餐气氛、赏心悦目的餐具、色香味兼具的餐点，每天的点心时间将会是件让小孩期待的事。期待或担心，有时只是一线之间。

和小孩一起准备餐点时，我常会和小孩聊聊东西美不美、香不香、好不好看的话题：

“这里择掉一些，吃起来更好吃。”

“等香味出来了，再把青菜放进来一起炒。”

“水滚了加点盐，再把秋葵放到滚水里汆烫。”

“等到要吃饭了，最后再撒上绿绿的叶子。”

“煮好了，要盛起来前再开大火，把汤变少些，看起来会更好吃喔！”

料理时，只要多一点火候，多一点用心，就可以把小孩的担心变成期待。

梦幻的牛奶壶

我常想让孩子在生活中自然地去感受美的事物，在规划小孩的用餐器皿时，免不了常会和朋友争辩一些细节。

“老师用汤勺舀牛奶或豆浆给小孩比较快，大开口的汤桶会比较方便，老师照顾那么多小孩，时间要抓紧。”我的朋友坚定地说。

“但是那样不美。可以用水壶装，

倒牛奶或豆浆也挺方便，不会花很多时间。”我想在实际的日常事件里也加上一些美丽元素。

“供餐的台面如果像饭店自助餐一样，应该会增进大人、小孩的食欲。”我不改梦幻地说，总想在吃饭的细节上多加一些巧思，让小孩的餐厅也可以既实用又典雅。

小孩喜欢的餐盘造型与配色，除了卡通以及迪士尼之外，应该还有很多可能性，可以多些四季自然变换的色彩、太阳移动产生的光影、天然素材器皿呈现的不同手感，都是让孩子体验创造美感经验的好元素。

美感需要从小培养与熏陶，就从生活中的小细节开始。我想，连盛汤的不锈钢汤桶也可以有美丽的线条与赏心悦目的质感。

小孩子也可以是大厨师

在带小孩开始料理前，我会和孩子们聊聊今天要做的菜，食材的选择、配色、烹调方式等，如果一顿饭同时用上煎、烤、蒸、烫、炖，炉具分配就不会有互相冲突的状况发生。

“为什么要用那么多方法煮菜呢？”五岁的女孩好奇地问。

“如果五样菜都用炒菜锅，等到第五道煮好时，最早完成的会不会冷掉了呢？”我反问小孩，想让大家先想一想。

“会呀！会冷掉，有些菜冷掉就不好吃了。”另一个小女生回答。

“做菜也要有计划，要动动脑。”小孩很开心地同意动动脑这个建议。

让小孩预先了解做菜流程是件重要的事，在这个过程中我把时间的概念也带了进来。

“烤洋葱 50 分钟、炖汤 40 分钟、蒸鱼 14 分钟、煎培根卷不含先前的包卷准备要 5 分钟、烫青菜水滚后 1 分钟捞起。”我顺手拿起时钟，说着的同时也把 50 分钟转给五岁的小孩看。

“哇，50 分钟好久呢！比 1 分钟多好多！”比较后，五岁小孩有了时间长短的概念。

“所以，我们今天要当聪明的大厨师，先把洋葱包好、烤箱预热，接着准备炖汤、卷培根卷和蒸鱼，要吃饭前再烫青菜就好了。”我轻松地说明下一步的计划。

我常在做菜前会预想好时间规划，怎么样的安排可以更顺手，哪些步骤先处理能够缩短食材制备的时间。

在厨房里和孩子工作，有时会觉得自己挺像带兵指挥作战的大将军，让孩子事先知道操作的重点，流程顺畅了，工作起来才不会手忙脚乱。

每次多加一点点

干干净净地开始，整整齐齐地结束，小孩可以在过程中养成物归原处的好习惯。料理与用餐过后的清理，小孩也是绝佳的好帮手。

“水槽里的菜叶、果皮收集起来，放到厨余桶里。”我常常一边教小孩做菜，同时叮咛着另一个顺手清理。

“这里有点水渍，拿抹布来擦干净。”在工作中也时常会这样告诉孩子。

所有的事都可以套用“一百分哲学”，大人退后一点，小孩的分数就会多拿一点，孩子能力所及的事，就放手让他们去完成。**刚开始教小小孩收拾，需要把步骤说明得仔细一点，两岁小小孩还不会拧干抹布，可以由大人代劳，但擦拭细节还是可以和小小孩说清楚。**

“一块抹布对折后再对折一次，这样擦桌子弄脏了可以折过来，又有干净的一面可以用。”

面对大一点的孩子就多说些做事的方法与逻辑，“洗碗盘前先把菜渣刮下，集中倒入垃圾桶，这样清洗起来又快又好。”**每次的工作都多加入一点点的责任，厨房是小孩最好的生活教育场所。**

Activity

做菜前的好习惯

“湿、搓、冲、捧、擦”洗手五步骤，是做菜前的好习惯，越小的小孩越喜欢洗手，常常是乐此不疲，小孩对“水”有着天生的好感。

收拾 料理进行中随时保持台面、环境整洁很重要。弄得满是水花的台面随手擦干，对于切过的砧板、水槽里的废弃食材，也可以教小孩收拾清理的技巧。料理的前、中、后都有可以学习的事。

鱼料理前部曲

在料理鱼前，要仔细检查鱼鳞有没有去干净，逆着鱼鳞片生长的方向摸摸看，美味的清蒸鱼最害怕不小心吃到鱼鳞了。洗好擦干之后，在鱼身上各划两刀，抹一点盐，再把增加风味的破布子撒在上面。

检查，是美味的关键

料理成品美味与否全在细节里，切芦笋前先教小孩试试切口的手感，摸起来粗粗的就要大胆舍去，检查好再把芦笋切成三指宽，玉米笋洗干净对切。

卷起培根卷

把芦笋与玉米笋整齐排在培根的一端卷起，同时也让小孩练习卷紧的手感，卷得越扎实，煎出来的培根卷越美丽。

原味就是好滋味

没有繁复的手工，简简单单成就单纯好味。新鲜洋葱去掉干硬外皮后表面滑溜，切洋葱时记得用一手固定好，一手握刀划上十字就 OK 了!

汆烫、冰镇、凉拌龙须菜

龙须菜择掉粗纤维，放入加了盐的滚水中，1 分钟后捞起，立刻冲个冰水澡，沥干水，拌入蒜片与一点点的橄榄油，就是清清爽爽的一道好菜。

厨房里的游戏（快六岁大的孩子）

□ 检查鱼鳞有没有去干净
□ 在鱼身划刀、抹上盐
□ 把破布子撒在鱼身上面
□ 检查芦笋切口，择去纤维较粗的一段
□ 练习卷培根卷，用牙签插入固定
□ 剥去洋葱干硬外皮，在表面划上十字刀
□ 帮龙须菜冲冰水澡
□ 把汆烫的食材捞出沥干
□ 用削皮刀帮马铃薯、胡萝卜去皮
□ 将煮好的食物放进餐碗和餐盘
□ 利用沥水篮洗菜，沥去多余的水

Memo | 今日任務

清蒸马头鱼
芦笋培根卷
烤洋葱
凉拌龙须菜
马铃薯炖汤

清蒸马头鱼

马头鱼 1 尾
（或其他新鲜当令的鱼）
盐 1 大匙
破布子少许
（不加也没关系）
葱丝、姜丝、
辣椒丝 1/2 杯

1. 马头鱼洗净拭干，鱼身各划两刀，抹盐，装盘，撒上破布子。
2. 蒸笼加水煮滚，将鱼连盘一起放进去，以中火蒸 14 分钟取出，放上葱丝、姜丝和辣椒丝，再烧热 2 大匙油淋上即可。

芦笋培根卷

新鲜芦笋 1 把
（大小都可）
玉米笋 1 盒
培根 1 包
牙签数根
胡椒粉少许

1. 芦笋择去硬纤维，切成 3 厘米小段；玉米笋对半切。
2. 培根取出铺平，一端放上三四段芦笋、玉米笋后卷起，用牙签固定住。
3. 烧热平底锅，将培根卷入锅煎至两面金黄，盛出摆盘，抽掉牙签，撒上胡椒粉即成。

烤洋葱

洋葱 2 个
（小一点较好）
盐 2 小匙
橄榄油少许
锡箔纸 2 张

1. 洋葱剥去干硬外皮，从上面划十字刀，在刀口内撒盐，再淋上橄榄油。
2. 用锡箔纸将洋葱包好，放入预热至 250℃的烤箱烤 50 分钟。

凉拌龙须菜

龙须菜 1 把
盐 2 小匙
冰水 600 毫升
橄榄油、蒜片少许

1. 龙须菜择去硬纤维，用清水洗净，切成 3 厘米小段。
2. 烧一锅滚水，加入盐，将龙须菜入锅汆烫 1 分钟，捞出沥干，放入冰水里，捞起后拌入橄榄油与蒜片即可。

马铃薯炖汤

排骨 250 克
马铃薯 1 个
胡萝卜 1 个
姜片 5 片
蛤蜊 5 个
盐 2 小匙
胡椒粉少许
香菜少许

1. 排骨汆烫去血水；马铃薯、胡萝卜去皮，切滚刀块；蛤蜊、香菜洗净备用。
2. 取一汤锅，加水 1000 毫升，倒入排骨、马铃薯块和胡萝卜块大火煮滚，转小火炖 40 分钟。
3. 起锅前加入姜片和蛤蜊煮至开口，以盐、胡椒粉调味，食用时再撒一点香菜提味。

我也可以

五~六岁小孩的语言、认知、情绪发展和自理能力

手部运用

- ☐ 会用积木砌出较复杂的模型
- ☐ 填色时通常不会越线
- ☐ 可以画出较细致的人物（头部、眼睛、鼻子、嘴巴、躯干和四肢）
- ☐ 会写出简单的数字和中文字
- ☐ 会用剪刀和胶水做简单的剪贴手工

语言能力

- ☐ 说话清楚流畅，能运用成人的句子结构和语法
- ☐ 与别人对话时，会作出与话题相符的回应
- ☐ 懂得回答自己的姓名、年龄和住址
- ☐ 会复述刚听过的故事片段
- ☐ 可以有条理地描述最近发生的事情
- ☐ 爱听笑话，也爱猜

认知发展

- ☐ 注意力更集中，能自己完成工作
- ☐ 听到新的字词会想知道它们的意思
- ☐ 会 10 以内的加减运算
- ☐ 能说出最少 10 种颜色
- ☐ 明白基本的时间概念，如上午、下午、今天、明天、平日、假日
- ☐ 开始对事物作出推断，但无法同时考虑多个可能因素

社交和情绪发展

- ☐ 懂得控制自己的情绪和遵守社群守则，例如：用说话表达自己的需求、会分享玩具、请求批

准、归还所借物件等

- □ 开始明白和询问别人的想法与感受，也可能会尝试隐藏自己的想法与感受
- □ 会参与需要轮流和遵守规则的小组游戏，大部分时间都可与玩伴互相配合
- □ 喜欢和朋友玩扮演游戏，如父母、警察、超人等
- □ 能说出多个同学的名字，会选择喜欢的玩伴
- □ 不想自己有异于同伴
- □ 会察觉到男女之间的角色及身体上的差异
- □ 懂得分辨幻想和现实

自理能力

- □ 学习使用筷子
- □ 会自己洗脸和刷牙

◎参考资料来源：《婴幼儿评量、评鉴及课程计划系统Ⅰ-Ⅳ》Diane Bricker、Misti Waddell 编著

Part - 2

食育，潜移默化

Food education · imperceptibly influence in the power of granting

想念阿嬷的家乡味
喜欢路边的野味菜

这些年
经历四季的变化，春夏又秋冬
成了孩子转变的自然教育

这些年
静静地埋下种子
那是你我之间一辈子的事

Set 5.

节气，节庆

农历里藏智慧

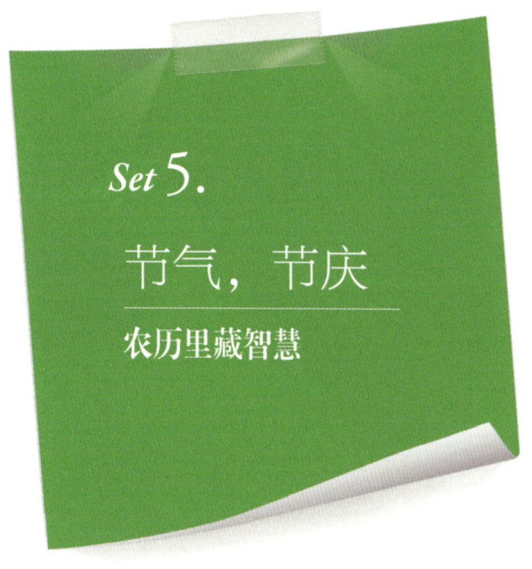

端午节将近，但这些日子以来天气一直是细雨绵绵，乍寒还暖，突然想起小时候读到“未吃端午粽，寒衣不可送；吃了端午粽，还要冻三冻”的谚语。

农历上写着：“端阳有雨是丰年，芒种逢雷美亦然，夏至风从西北起，瓜蔬园内受煎熬。”对照最近的天气，这农历节气的谚语还真是预报准确。在市区小巷里有家乌骨鸡补汤专卖店，总在端午节那天开始放长假，直到中秋节才又开门为客人埋锅熬汤，作息正是依着节气来安排呢。

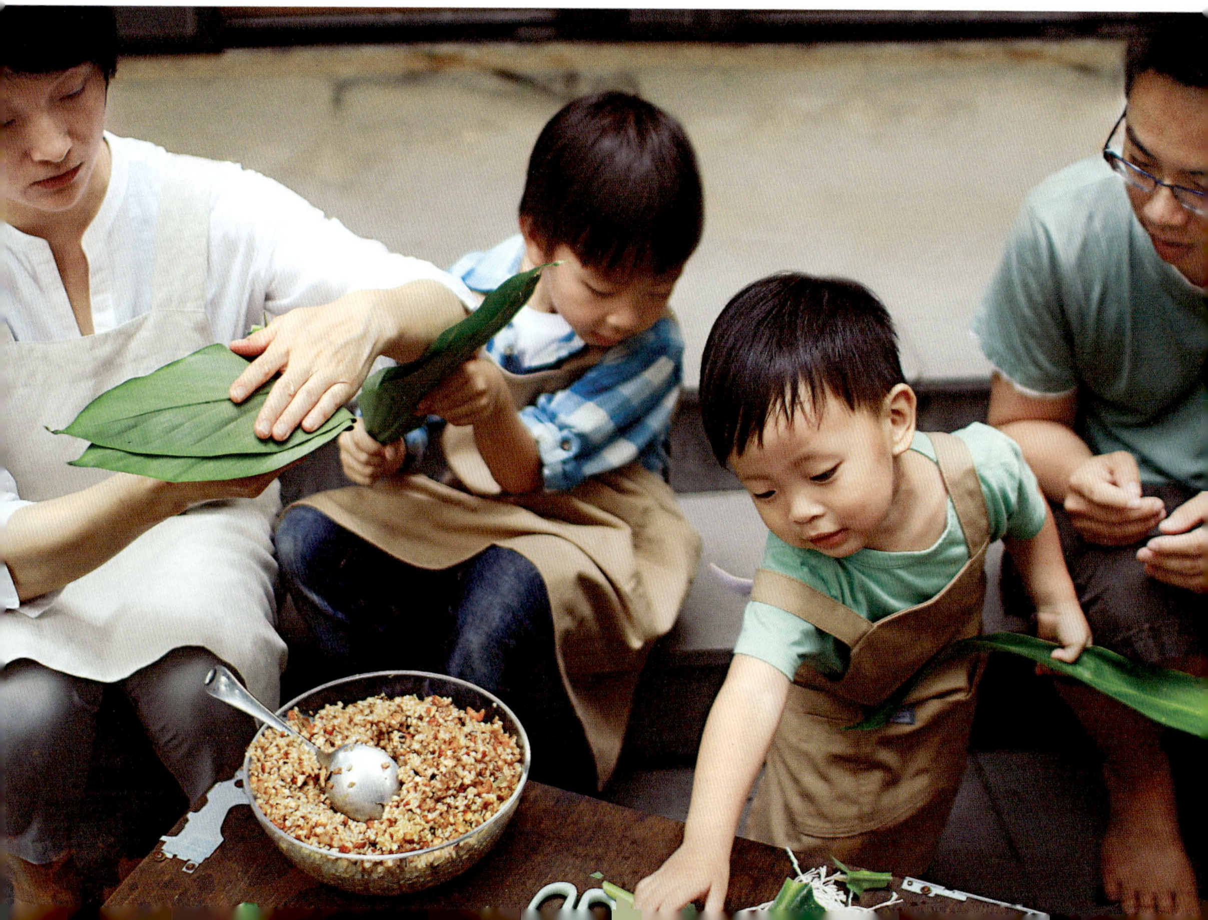

“什么是节气？”五岁小孩不理解地问着。

“以前的人没有电视，也没有气象预报，他们用很长的时间观察天气变化，然后做的记录。”我慢慢地说着。

“那节气要用来做什么呢？”小孩好奇地问。

“以前的人都要耕种，而耕种完全是看天吃饭，他们看节气决定适合种些什么，也要依照天气变化安排浇水、施肥的时间啊！”我说，“而且古时候没有时钟，有人发现每天太阳会在同一时间照在一样的地方，就发明了立竿子看影子长短的方法计算时间。”

我试着用小孩可以理解的经验解释。

“后来又发现，每天中午看到的竿影不一样，会从最长到最短，又从最短到最长，竿影最长那天就是‘夏至’，最短的那天就是‘冬至’。”我在纸上画出了一个长长的影子，和一个短短的影子。

“冬至要吃汤圆，吃了汤圆我就多一岁。”小男生抢着说。对于节气对应的美食习俗，小孩显得兴趣浓厚。

“我阿嬷说立冬要进补，这样一年身体都会很好。”小女生也抢着说。

“我知道，端午节要吃粽子，我最喜欢吃粽子了。”孩子们开心地聊着自己对于节气和节庆的相关经验。

对小孩来说，节气产生的美好过节气氛，印象十分深刻。跟着大人搓过汤圆、滚过元宵、包过粽子的小孩，非常兴奋地告诉大家过节的细节。

看着院子里的野姜花因最近水汽充

足而枝叶茂盛，再没几天就端午节了，我们就利用野姜花清香的叶子搭配糯米，包些野姜花粽过端午吧！

淡淡的香气渗入到馅料里，化解了粽子的油腻感。叶面不大的野姜花叶，包出来的迷你版粽子可爱极了，小孩轻轻松松就可以吃上两个，还意犹未尽呢！

渲染过的糯米香

园内池塘边有一丛野姜花，每天喝着流经池塘的水，长得特别茂盛，每次经过伸手摸一摸，碰触过叶子的手，会留下特殊的香气，那味道闻起来让人有放松度假的氛围。

我喜欢有野姜花叶渲染过的糯米香，

“来，把糯米洗干净，米洗好还要在水里泡三小时。”两岁小男孩喜欢可以玩水的工作，之前的洗米经验，让小男孩更能驾驭洗米的力道，会小心不让米粒撒出来，也能把量杯里的水准确地倒入大碗。

“拿起两片叶片交叠在一起，一端往里圈成冰淇淋杯的形状，左手把杯子捏紧，再把炒好的糯米料放进来，放到和杯子一样满就可以了。”五岁小男孩认真地看着我的示范。

“像这样吗？”五岁小男孩自己圈了一个野姜花杯子问我。

“对，就是这样。把米盖起来的时候，注意两个尖尖的角要捏好，再把多的叶子转过去，用绳子绑紧就好了。”

我看着小男孩两手包着粽子，再提醒一次重点。

“我也要包。”两岁的弟弟在一旁也想试试。

我让小孩自己拿了两片叶子，练习折成粽子的样子。看他小心翼翼地在杯子里放入两匙糯米，心里顿时感动了起来，原来**想学、想做、想试试看的心，是不分年龄的。**

傍晚时分，我走在校园里，背后传来小男孩的声音。

“可以帮我找绳子吗？”五岁小男孩手里捏着绿色小粽子期待地问。

“哇！你自己做的野姜花粽子，真美！”我惊讶地说，接着好奇地问小男孩，“里面包的是什么呢？”

“就是树下的泥土、小石头呀，我在教我的朋友包粽子呢！”五岁小男孩开心地说。

“我们发现那里有野姜花叶，”小手指着池塘方向，如获至宝，“然后，我就想教大家包粽子，现在只要有绳子就可以完成了。”小男孩再一次地说。

夕阳下，五岁男孩手里拿着绿色小粽子，斜照的光线拉长了男孩地上的影子，那画面美极了。

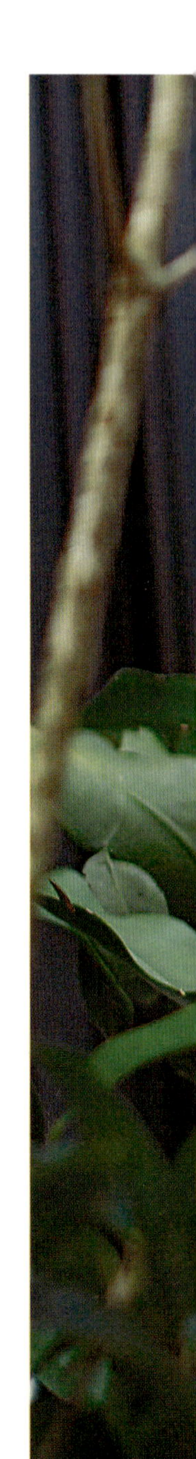

昙花一现炖清汤

大雨后，种在院子里的昙花结了九个花苞，小小的花苞刚挂上叶片时是朝下长的，观察了几次花期后发现，开花前一周花苞会开始向上生长，待花苞变得圆润饱满时，就是绽放的时间到了。

昙花，又称为韦陀花，许多人也称它为花神，这别名的由来是因为昙花有个美丽的小故事：传说在天国有个花仙子因爱上了一位叫作韦陀的年轻人，受到玉帝的责罚，让花朵只能短暂地开放，花仙子就尽全力将所有的香味集中在这昙花一现的短暂时间里，期待韦陀还能认得她。虽是传说中的故事，但也道尽了昙花一现的极其美丽。

深夜时分我将昙花绽放的相片与朋友分享，却不经意地勾起她儿时的回忆，“想起小时候，全家聚在一起等待昙花一现的时刻，大家都屏气凝神地看着花儿慢慢开展，那种兴奋莫名的情绪，真令人怀念。”朋友说。

“妈妈会在隔天清晨将花摘下，趁鲜炖一锅昙花酿，甜汤里透着花香，真是简单好味。”我也分享着记忆中的美好味道。

夜深人静，昙花就这样在瞬间安静地绽放。此时此刻，花香四溢，美丽的花苞昂起头，尽情地抓住这片刻，毫不保留地散发生命的美好。明天一早，我想在吐尽芬芳后的昙花前，给孩子说一个关于花仙子的故事。

Activity

院子角落的野姜花叶

家里院子转角樟树底下也有一丛野姜花，是我的私房采集地点，每回经过时总会多望一眼，看野姜花的叶子是否又长大一些。我最喜欢野姜花叶子散发出的一股清香，端午时节总要等到包粽子前再剪回来清洗，这样的鲜采叶片包出来的粽子最美味。

Tip 摘叶子这样的工作很适合让小孩子完成，拉回的枝叶在后院一片片剪下。两岁的小小孩可以负责刷洗叶面，这也是小小孩最喜爱的工作。

需要喝饱水的糯米

在准备粽子材料前，就把糯米洗好泡在水里。已有洗米经验的两岁小小孩，在洗糯米时已经不像第一次洗米，把水和米溅得到处都是，倒水时也可以控制得很好。

Tip 糯米需要浸泡大约三小时，经过长时间吸收水分，把细胞壁胀破，黏性成分释出，粽子口感就会黏软；如果洗好米就立刻包，没让糯米吸饱水，释出黏性成分，煮再久米粒还是硬硬的，粽子就不会好吃。

准备粽子材料

粽子里包些什么？每家都有自己的独门配方，我喜欢把所有馅料都炒香，拌上油葱酥、胡椒粉和酱油，再把泡好的糯米加入拌炒，这样包好的粽子用水煮上四十分钟，糯米会吸入馅料的精华，变得滑润可口，粽料与糯米会完全地融合在一起。

【香　菇】如果是要切成小丁，就没有必要买大朵香菇。香菇同样要吸足水分，这个工作也适合小小孩来帮忙。

【豆　干】豆干切丁需要一些技巧，直接切丁颗粒会太大，若要呈现比较细致的粽子外观，豆干要先片开，再切成小丁。五岁的小男生有过厨房料理经验，切丁的工作难不倒他，但片豆干需要大人一点协助。

【萝卜干】萝卜干也一样切小丁，使用前要泡一下水，每批买回的咸度都不同，要先尝尝看才能决定泡水的时间。

开火炒馅料

炒料的先后顺序会影响香气和口感，先放不容易吸收油脂的豆干丁，炒出豆子的香气就可盛起；再依序放入香菇丁、虾米、萝卜干丁，炒出香味后盛起备用。最后炒的是绞肉，再把所有材料倒回锅里，连同糯米拌匀就完成了。

Tip 食材的香气是料理的灵魂，粽子好吃的关键就是香气和糯米的弹性了。在和孩子准备馅料时，我也会告诉小孩这样做的理由。

绿色的叶子冰淇淋卷

把两片野姜花叶合在一起，弯成一个冰淇淋杯，再把炒好的米放进来，上面的叶子折下来，多的包到后面，然后用棉绳绑好。两个小孩子目不转睛地看着，很想试试看让自己手上的冰淇淋卷也变成好看的粽子。

Tip 两岁小男孩也想试包个小粽子，我让他自己包了一个，但因为手握得不够紧，糯米像下雨一样一直掉下来，我用手在底下接着，想让两岁孩子尽情完成他生命中的第一颗粽子。

午夜里的花仙子

夜里绽放的昙花在第二天一早摘下，不要水洗，趁鲜装入袋中，压出空气封口，放入冰箱冷藏可保鲜七天，冷冻可保存三个月，烹煮前不需解冻，只要用清水稍微冲洗，就可以直接入菜。昙花除了可以炖排骨外，还可以和香菇一起炖鸡汤，做成甜品也非常可口，只要把昙花放入加了冰糖的滚水里煮两分钟，就可以盛起食用。昙花遇热会产生黏液，滑滑的昙花吃起来有点像燕窝呢！

Tip 让小孩知道，有些食材烹调时不需要经过解冻，大部分可以冷冻的蔬果都较适合直接烹调。低温会破坏蔬果组织，回温后会让蔬果变成软软烂烂的，善用食材对温度产生的物理变化，有时也可以巧妙地减少烹调时间。

厨房里的游戏

☐ 刷洗粽叶，清除野姜花叶上的绒毛，使用剪刀修整叶片形状

☐ 认识糯米、香菇、萝卜干等需要泡水的食材，并理解泡水原因

☐ 不同食材切丁练习

（不同质地，手感也不同，豆干丁最容易切，香菇、萝卜干切丁需要用到下压与拉的力量，较适合大一点的孩子）

☐ 认识豆干、香菇、虾米、萝卜干和绞肉等食材下锅顺序，分辨不同食材的吸油程度

☐ 叶子包裹练习

（粽子形状没有一定的限制，传统三角、方便四方、长筒状，都可以和孩子一起试试）

☐ 可冰冻食材与不可冰冻食材的分辨，理解烹调前需要解冻与不需解冻的原因

Memo | 今日任務

野姜花粽
吻仔鱼苋菜
昙花排骨汤

野姜花粽（约 1 串 10 颗）

豆干丁 1 碗
香菇丁、虾米、
萝卜干丁各 1/2 碗
绞肉 1 碗
胡椒粉少许
盐 1 大匙
酱油 3 大匙
油葱酥 1/2 碗
糯米 1500 克
野姜花叶 20 片

1. 野姜花叶洗净，沥干备用；糯米洗净，泡水三小时，沥去水。
2. 起油锅，依序炒香豆干丁、香菇丁、虾米、萝卜干丁，盛出备用。
3. 绞肉入锅炒出香气，再倒入步骤 2 中炒好的料，下油葱酥拌炒，加盐、酱油、胡椒粉调味，即成干香肉燥。
4. 将炒好的干香肉燥与糯米拌匀，包入野姜花叶，用棉绳绑紧。
5. 准备大锅，煮滚水，放入野姜花粽，煮 40 分钟后，取出，挂起放凉。

【Point】干香肉燥可以一次多做些，冷冻保鲜当常备菜使用，只要加点变化就能让料理更轻松。

要点

吻仔鱼苋菜

苋菜 1 把
（大小都可）
吻仔鱼 1/4 碗
盐少许
蒜片少许

1. 苋菜择去硬纤维，洗净，切 3 厘米小段。
2. 炒锅加少许油烧热，爆香蒜片，放入吻仔鱼炒出香味，将吻仔鱼盛起备用。
3. 利用锅里余油下苋菜拌炒，至菜软后加盐调味盛盘，再把炒好的吻仔鱼放上即可。

【Point】将炒过的吻仔鱼先盛起后置于苋菜上，成品可以呈现干净质感，只要多一些巧思，家常菜也可以有不同风貌。

昙花排骨汤

昙花 1 朵
排骨 300 克
姜片少许
盐 1 小匙

1. 昙花洗净备用。
2. 排骨氽烫去血水，放入姜片，加水煮滚，改小火炖 30 分钟。
3. 加入昙花，小火煮滚 5 分钟，起锅前加盐调味就完成了。

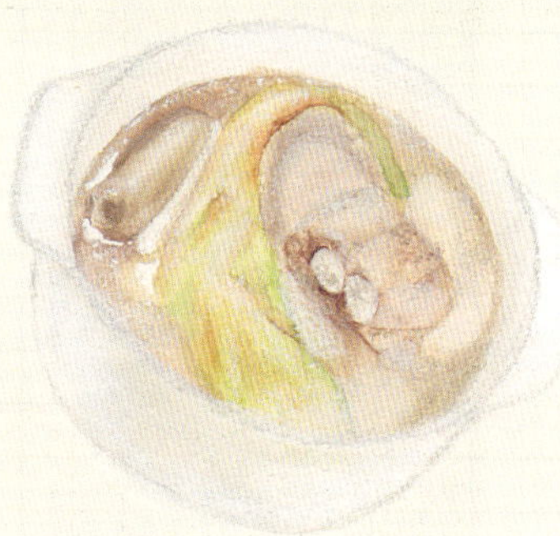

Set 6.

寻找蒲公英

随手可得的野菜

在二十四节气里记载着“清明谷雨，十夜八雨”，对照最近的蔬菜价格，还真是佩服前人的智慧。

“小黄瓜今天买最划算了，最近的雨下不停，小黄瓜开的花都被打坏，下星期采的会很贵喔！”菜市场的小贩说。

“为什么下雨，蔬菜会变贵？”

“是雨下太久又太大，太阳一直被云遮住，光线不足吗？”四岁小小孩好奇地问。

“小黄瓜要先开花，等蜜蜂帮忙结婚后，才会结果子生出小黄瓜。”我说。

“是雨太大，花掉下来就死掉了，就没有小孩了。”另一个小小孩下结纶。

“有些只吃叶子不吃果实的蔬菜也是怕下大雨，雨太大会把叶子打坏，不好看就卖不出去了。当菜市场没有菜可以买或太贵的时候，有些长在路边、草地、山坡上的野菜可以摘来吃，改天我们来寻宝吧！”我说。

市场菜价受天气的影响上下起伏，在下雨或台风过后的时节，最省钱的做法就是把野菜端上桌。

台湾各地随处可见攀爬在围墙的川七、长在潮湿墙脚的山苏、会长成乔木的刺葱，以及公园路边草地都可发现的昭和草、蒲公英、龙葵（乌甜仔菜），这些常见的原生态野菜，在市场蔬菜供货量少时是很好的替代品。

带着小小孩寻觅草地里的野菜，在采集的同时也学习认识大自然，野地里的野菜各有不同的采摘期，在找寻的过程中，孩子对季节的交替更迭会更敏锐，亲子一起感受大自然的四季风光，享受生活里的处处智慧！

牵着小手在角落里寻宝

川七是一种落葵科的蔓藤类植物，家附近的围墙、栅栏、大树干常可看到川七缠绕在上面。

“川七会生小孩吗？”四岁小小孩延续着小黄瓜结果的记忆发问。

“川七会开花，但不会结果子。你看，这些叶子中间有一球球像花生一样的东西，这个叫作茎块，”小孩凑过身细看。“我们把它摘下来，放在土里，就会长出一株新的川七。”我摘下一个茎块拿给孩子们观察。

“嗯……有一点泥土的味道。它可

以吃吗？”四岁小男生关心地问着。

“可以啊！烤个两分钟，撒些胡椒盐很好吃呢！”我想起之前的美好滋味，烤过的川七茎块很像大花生。川七的叶片摸起来有厚实感，爆香黑麻油后，把川七、姜丝放入拌炒数下，加点枸杞，这一盘美丽的野菜富含水溶性纤维，炒过会有一点黏稠感，对咀嚼能力不够好的小孩与老人都是很好的一道菜。

“每片叶子都可以要吗？有些黄黄的呢？”小孩有些质疑地问着。

“上面有虫咬过或是看起来干干黄黄的就不要了，我们剪看起来厚厚美美的就好。”面对这一大丛川七，真的可以精挑细选，一点都不觉心疼。**我和孩子们边摘菜叶边聊天，我喜欢这样的学习氛围，自然而然没有刻意与做作，在孩子的心里不留痕迹地埋下种子。**

野地里的蒲公英

公园野地里常见的昭和草，是菊科多年生草本植物，开着小小的灯笼花，长相平凡，常让人忽视它的存在。当我带着孩子在公园里寻找时，很容易就可以看见昭和草的踪迹。

“这真的可以吃吗？”小小孩拔起一株昭和草疑惑地问。

“吃吃看是什么味道？”我鼓励小小孩尝尝看。**给些空间让小小孩去体验，大人不需要每次都得立刻回答。**

“嗯……有点像吃火锅里的茼蒿！”小小孩当中总有人会想要先试试，迫不及待地分享着。

“这里有蒲公英呢！”

两岁小女生对有白色绒绒球的蒲公

英有着莫名好感，摘下一朵对着花儿吹呀吹，白白的绒毛被吹起飞扬。

“我还要吹蒲公英花。”两岁小女孩一脸企盼地说。

“那我们一起找找看，叶子有点像长长的汤匙，会平铺靠在地面上，叶子边边有一点点开裂的。”我们边说边找，但这初夏时节要在草地找到开花的蒲公英真是不太容易。冬末初春，蒲公英会抽花茎，刚开的花是亮黄色的，果实成熟后才会形成白色绒球，变成一朵蒲公英伞。这时候要找到过季的蒲公英花，还真得碰碰运气呢！

“找找看”“吃吃看”“闻闻看”，在与小小孩做着料理工作时，这些话常会挂在嘴边，越小的孩子越容易受到鼓励去尝鲜。记得多年前与三岁小小孩坐

着闲聊，顺手摘了一片九层塔叶子，凉风吹拂的傍晚闻着香香的九层塔，心想应该让我的三岁朋友也享受这样的惬意，便转手把叶子交给了我的好朋友。

“你闻闻看，这是什么味道？”我说。

“嗯……”小女孩拉长声音陶醉的说，“有 gélí 的味道。”

“什么？你说什么味道？”我有些惊讶小孩的联结，所以又再问了一次。

“嗯……”小女生想了一下，“是蛤蜊的味道。”有点小声地再说了一次。

小女孩把九层塔和蛤蜊的味道深深地联结在一起，真是个可爱的回答，这么多年后，每当请小孩闻闻看食材气味时，我总会想起这一段可爱的往事。

一个刚刚好的期待

市场以外的食材来源不只是野外采集，还可以从花草市集买回的香草盆栽、自家阳台开垦的小菜园里源源不绝地生产。变身居家小农和小小农，把自己浇水、施肥的成果端上餐桌，是件很有趣又有成就感的事喔！

外出寻宝前可以先让孩子通过图鉴，认识户外公园或林间小道常见的野菜，有哪些可以摘来做料理？家里的小阳台可以种哪些香草？菜市场买回的食材有哪些可以种成盆栽？当孩子挖到宝时，那种成就与喜悦会更加倍！

“看到绿色的葱这段白色长根的地方吗？我们把它切下三根手指长，插在有水的玻璃杯中，然后放在太阳照得到的地方，大葱就可以长起来哦！”

我拿起青葱切下一段，请小小孩接着之后的步骤。

“那要长几天呢？”小小孩兴趣浓厚地问着。

“三到五天就可以看到长高了。”我笑着说。

给小小孩刚刚好的期待，三到五天能发出的小葱最合适了。在小小孩印象深刻的时候，看到一点成果，看到小绿苗冒出头的感动，是支持下去的重要力量。**自己亲自照顾的小植物，对小小孩来说有着莫名的亲切感，用这个方法让小小孩接受新的食物再好不过了。**

“这个可以种吗？”两岁小男生拿起一颗大蒜问着。

“可以呀！你看，有时候放太久发芽的大蒜，用小盘装一点点水，把发芽的大蒜放在上面，就会长成大蒜苗呢！”我拿起一颗已经抽出小芽的蒜头给孩子观察。

“胡萝卜的根部放在浅浅的水盆，几天后也会长出小苗哦！”

“我们下次吃生菜沙拉，可以放这个新鲜的小叶子试试。”

“可以呀”“试试看”“想一想”“没关系”是我们在厨房里常用的话语，这样的语气比较能够鼓励小小孩尝试新的工作，从小养成主动思考学习的好习惯，慢慢在生活中遇到新的事件也会应用举一反三的联结能力。

Activity

转角的寻宝

散步的时候发现一条川七长径，五岁小男孩牵起两岁弟弟，拿着竹篮循着路径走去，一会儿工夫就采满了一大篮。会攀藤的川七常藏在树篱里、灌木丛边，仔细找找就会发现踪迹。

Tip：冰箱里没有青菜时，转角的川七就是最好的“急救包”，教会小孩辨认川七的方法，就可派给小孩这个紧急任务。

牵着你的手，要慢慢走

【陡陡的楼梯，我要自己走】提着竹篮，牵起小手，走下长长陡陡的楼梯，一群小孩与小小孩也要去找川七。不到两岁的男孩喜欢自己走，扶着下层栏杆一步步向下走，阴暗小径里的栏杆上有些青苔，小小孩问说：“这是什么？”我答：“这是青苔。”走几步小小孩又问：“这是什么？”我有点草率地回答“是蚂蚁”。“不是蚂蚁，”小小孩肯定地说，“这是毛毛虫。”我蹲了下来，从小小孩的角度向上看，扶手下方真的有只毛毛虫呢！

Tip 快两岁的小小孩开始喜欢自己完成许多事情，当孩子没有要求帮忙时，就让小小孩自己试试看，长长陡陡的楼梯也可以让孩子练习走。有时大人会不经意草率回答小小孩的问题，在被纠正的同时，我想小小孩的疑问句只是聊天的一种方式，小小的孩子心里其实什么都知道！

【我想要帮忙】

两岁小女生很喜欢帮忙，常把“我想要帮忙”挂在嘴边，美丽心形的川七叶子吸引了小女生的目光，一路上坚持着“我要自己剪”。拉出一条长长的川七藤蔓，满足了小小孩的心愿。

【小小的分心，小小的开心】

大风吹落了原来在叶子上的毛虫，小小孩发现了，驻足观察，“是毛毛虫呀”“毛毛虫在走路”“是球果，好多球果”“这是玉米球果”，短短的一段路，有着很多小小的分心，小小的开心。

Tip 带着小小孩们散步，放慢脚步，会发现许多不同乐趣，地面上的昆虫与落果，就是一个小小的游乐世界。

寻找草地里的蒲公英

【出发】
戴上帽子，拿着小藤篮，要到草地里寻宝。

【过季的昭和草】
过了雨季，刚割过的草地很难发现昭和草，印象里的常见野菜，原来也有它的季节。

【发现了一株蒲公英】
草地里发现一株蒲公英，幸运地还剩下一小丛白色绒毛，两岁小女生开心地吹着，想要种子飞到好远好远的地方。

【甜甜的朱槿花】
树篱上的朱槿开了很多红色的大花，甜甜的蜜汁是草地里免费的天然点心。

【毛毛虫也要吃饱】
小小孩发现了正在过马路的毛毛虫，两岁小男生说："有毛毛虫呀！"两岁小女生说："我要喂毛毛虫吃饭，毛毛虫也要吃饱。"

【蜻蜓喜欢大花吗？】
剪下三株正在开花的射干，小女生说："蜻蜓会喜欢吗？""我想蜻蜓也要吃饱。"

香椿野味

“雨前椿芽嫩如丝，雨后椿芽如木质。”香椿最好的赏味期间是在二十四节气的谷雨前后，过了谷雨，椿芽的口感相对逊色。幼嫩叶子鲜绿中带点红色，叶脉细致最为美味。

随手栽种的萝卜小苗

切下的胡萝卜、白萝卜头放在浅水盘里，过两天就会抽出小小的嫩芽，摘下的嫩叶很适合拌入生菜沙拉里。

厨房里的游戏

- ☐ 认识常见的野菜
- ☐ 知道野菜生长环境与简单的烹煮方式
- ☐ 理解常见野菜的最佳采摘季节
- ☐ 香草小盆栽的培育体验
- ☐ 试种切下的根茎块
- ☐ 定时的灌溉任务

Memo | 今日任務

炒山苏
香椿蛋
麻油川七

炒山苏

山苏 1 把
蒜片少许
黑豆豉 1 大匙
小鱼干 2 大匙

1. 山苏洗净，择去硬纤维，切成 3 厘米小段。
2. 锅内加 2 大匙油烧热，爆香蒜片、黑豆豉，放入小鱼干炒出香气后，下山苏大火炒至叶片变软即可。

香椿蛋

香椿嫩叶少许
鸡蛋 4 个
酱油 1 小匙
盐、胡椒粉各少许

1. 剪下香椿嫩叶洗净，蛋打散备用。
2. 混合香椿叶和蛋液，加入酱油增色，以少许盐、胡椒粉调味。
3. 起油锅，倒入香椿蛋液，两面煎黄即可。

麻油川七

川七 300 克
姜丝少许
盐 2 小匙
黑麻油少许

1. 川七洗净，沥干水。
2. 黑麻油入锅，爆香姜丝，待闻到香气时加入川七，将叶片炒软，最后加盐调味即可。

牵着小小孩去寻找野菜踪迹

牵着小小孩到户外采集野菜，拉起攀在围栏上的川七正要剪下时，听到两岁小女孩坚定地说："我要自己剪。"我带着些许的犹豫蹲了下来，把手上有些大、刀口显得较锋利的剪刀，慢慢地交给了小女孩。

出发前没想过要让两岁小孩自己剪，所以我带的不是小剪刀，在把剪刀交给小小孩的同时，一边殷殷交代着："要小心哦！"

当小手握着大剪刀成功剪下一串川七时，小小孩开心极了！好用的工具让小小孩一次就成功。

在游戏中总有些时候会出现事前没有想到的状况，只要能够注意安全，不妨让孩子试试看。在使用较锐利的工具时，大人的眼睛得随时保持警觉，并提醒小孩该注意的事项，偶尔的大胆尝试也是不错的体验。

对野菜料理有兴趣，想多认识一些野地里的"宝藏"，可以参考一些相关的植物学书籍，多知道一些料理变化与生长季节，轻松和孩子一起享受自然野食原味。

Set 7.

幸福的味道

传承阿嬷的手艺

总会怀念起实木的板凳餐桌上，有些裂口的碗里，装着不起眼却令人回味无穷的外婆的拿手菜，每当有机会吃到相似的料理风味时，就会想起那时的简单幸福。

一位手艺很好的朋友，很会做些地道的老味道。“你怎么可以做出这么多古早味料理？”吃了一口当季的冬瓜排骨后，我十分佩服地问。

“没什么呀，小时候爸妈工作忙，一年之中只有除夕会休息，我都要在家帮阿嬷做饭，看着看着就会了。”好友平淡地说，“那个时候家里很穷，什么都要自己种，自己做，我逢年过节最忙了，上小学前就要做家事，我手脚快就是这样训练出来的。”

我的朋友真的很会做事，有时得空一起带着小小孩做料理，细微的步骤都可以准备周详，让整个流程顺畅很多。

“小时候的记忆里，古早味的料理超级多，但我最想念阿嬷煮的咸冬瓜蒸肉。”

好友回忆起跟着阿嬷做菜的点滴。

“我跟你说，我阿嬷做菜都有秘方，她说要加蒜头跟米酒去除腥味，最特别的是还要加酱油。我觉得咸冬瓜已经够咸了，为什么还要加酱油？我阿嬷说：‘因为这样看起来好看啦！’”好友认真地说着。

“吃起来特别甘甜，一点都不死咸，就只是加蒜头、米酒、酱油，我真的很佩服我阿嬷。”好友带着崇拜口气提起阿嬷的家传料理，“色香味俱全，使蒸肉颜色看起来更漂亮。虽然是道简单料理，但用的咸冬瓜可是阿嬷依照古早传统做法腌制而成的……”

我们阿嬷那个年代都是靠真本事做料理，常常只是很简单的调味，就让这道简单的料理，成为我们记忆里隽永而美好的味道。我和小小孩做菜时，常会记起自己小时候像这样的简单感动，或许这个单纯、美好的味道，也会在未来的某天带给孩子需要的安慰。

渗入记忆中的好味道

“小时候过节可好玩了，我会整天跟在外婆的身边，期待着大蒸笼里又要变出什么来。”聊起童年的美味，突然脑海里出现许多古早味糕点的画面，好像连香味都闻到了呢！

“我也是阿嬷的跟屁虫，阿嬷总是很忙，不是包粽子、碱粽，就是炊萝卜糕、芋头糕、芋头巧、韭菜糕、红龟粿、年糕等，阿嬷的才艺好多喔！什么都会自己做。”好友也陷入美食的回忆。

“但是我阿嬷有很多坚持，比如说碱粽一定要用新鲜竹叶包，再拿自己用蔺草编的绳子去绑，因为这样才会有竹叶的香味。”好友认真介绍阿嬷的包粽秘方，说着眼睛都亮了起来。“今年端午节跟妈妈用这种方法包碱粽，真的超级好吃！”

用新鲜竹叶包的粽子，经过水煮后，竹叶散发的香味跟碱粽结合，这真的是绝配！碱粽一点都不会苦，放凉后带有浓郁的竹叶香，和买现成竹叶煮出

来味道真的不一样。

那天和小小孩一起包野姜花粽，新鲜的野姜花叶也有相同作用，煮出的绿色汁液将野姜花香完全渗进糯米心，开心地吃着野姜花粽的小小孩，长大后再度尝到这野姜花粽时，应该也会勾起那时和大人一起度过的美好回忆，就像许多年前外婆和我度过的一样，令人温暖的时光。

学起来，总是有用

“有次跟阿嬷去菜园拔大蒜，阿嬷告诉我说：‘你看大蒜长这样，叶子对称地长，所以洗大蒜不能只是顺着洗，这样一定洗不干净，一定要逆向洗才会干净。’”

好友顺手拿起一颗大蒜示范。

“所以现在洗大蒜的时候，我都会想起阿嬷说的话，她总是说以后长大不

管要不要用到，只要你学会了就是得到，总有一天会有用的。”好友怀念地说着。

随口的话语，有时比正式上课来得更能钻入人的记忆里，现在我也常会在闲谈中，把有关食材清洗和挑选的方法这样告诉小孩。

“挑丝瓜时，皮摸起来要嫩，表面要有颗粒，才是新鲜的丝瓜。”在市场里精挑细选时，我滔滔不绝地说着。

“挑竹笋时，摸到竹笋尖有点弯弯的弧线，这种竹笋适合做凉拌、沙拉和煮汤。”一边说一边还要小小孩在竹笋堆里找找看。

“那如果是直直的竹笋就不可以吃了吗？”五岁小孩看着手里直直的竹笋发问。

“还是可以吃的，只是会有一点点苦，炒过再焖一下会好吃一点。”我想小孩应该可以有较广的食物接受度才是。

外婆教我的，不管是煮菜的方法、挑菜的方法、选菜的方法、糕类的做法，都有她的坚持。所有传统的坚持，只要了解其中的道理，就会成为自己的知识，在需要时就可以派上用场。

我想外婆虽然没有读过书，这些关于料理的知识都是从实践中积累来的，在厨房里与小小孩工作的时候，希望也能把这样的传承在孩子身上延续下去。

Activity

怀念冬瓜排骨

炎热的夏天总会想起爽口的冬瓜排骨，这是一道不麻烦的幸福料理。切姜片、去瓜皮，再把冬瓜切成大块，五岁小男孩就可以操作得很好。挖去中间瓜瓤时，两岁弟弟也来观察，小小孩对什么都好奇，陪在哥哥身边看着。

Tip 冬瓜是很好的刀工练习食材，挖去中间瓜瓤时，要用刀尖切开瓜瓤与果肉的连接，切除硬皮时手要握紧刀柄向下用力切，之后的大卸四块就会觉得很容易了。

Tip 两岁小小孩很喜欢收拾，工作完毕一定会顺手清理桌面，趁机教会他正确的擦桌子方法。

两岁的大厨

将食材放进汤锅里是两岁弟弟的专长，看他熟练地依序放入冬瓜、排骨、姜片，倒入酱油、胡椒粉、一点点的水，我问弟弟：“那还要放红红的辣椒吗？”顺手就折了两根辣椒放入锅中。两岁小小孩很喜欢盖上锅盖的动作，很沉的铸铁锅盖一样难不倒。

柠檬香味的秋葵

剁碎的洋葱、番茄，调入一些橄榄油、盐，再挤上半颗柠檬的汁，就是好吃的调味酱汁。取出长盘摆入汆烫好的秋葵，排好队的秋葵淋上美丽的酱汁，看起来清凉可口。

Tip 在准备酱汁的同时，两岁小小孩拿起桌上的秋葵就啃了起来，我发现小小孩是神农氏的化身，喜欢用口来感觉新食材，只要无关卫生问题，就放手让他们尝试吧！

无法抗拒的麻油香

朋友说："真的无法抗拒黑麻油的香气，只要有黑麻油的料理，就会忍不住多吃一些。"加老姜片爆香的黑麻油魅力无敌，在食欲不振的日子来上一点，真会让人精神百倍。麻油鸡饭做法有两种，煮好饭后拌入炒好的鸡肉片，或炒好鸡肉倒入饭锅里和米炊煮都行。

小小孩在拌匀鸡肉饭时，受不了香气的诱惑，问着："厨师可以尝一口吗？"我说："厨师当然要先试味道啊！"适时满足小小孩的要求，是工作的重要动力。

Tip 把带皮鸡肉切小块有些难度，有韧性的食材可以让孩子用厨房剪刀剪成一口大小。根据食材不同的特性，要随时变换厨房工具。

简单的美味 铺上美丽餐垫，等待美味的午餐，一碗香香的鸡肉饭、两碟青菜，加上好喝的清汤，满足了小小孩等待的味蕾。

Tip 新鲜食材只要简单调味就是幸福好味道，小小孩的料理先从不需要繁复手工的菜品开始，培养工作成就感，是踏入料理世界的第一步。

厨房里的游戏

- □ 练习冬瓜去皮与挖除瓜瓤
- □ 知道不同食材切块方法，不同菜品有不同的切法
- □ 帮忙将处理好的食材放入锅中，练习加水与盖上锅盖
- □ 调和简单酱汁并试味道
- □ 将汆烫、冰镇好的秋葵沥水，摆盘排列，淋上酱汁
- □ 使用剪刀将带皮鸡肉剪成适口小块
- □ 帮忙铺上餐垫，准备餐具

Memo | 今日任務

红烧冬瓜排骨
凉拌秋葵
姜味麻油鸡饭

红烧冬瓜排骨

冬瓜 1 大块
小排骨 600 克
姜片 6 ~ 7 片
辣椒 2 支
酱油 3 大匙
胡椒粉少许

1. 冬瓜去皮切块，小排骨汆烫去血水。
2. 锅里放入小排骨、冬瓜块、姜片、辣椒、酱油、胡椒粉和 1/4 杯水，小火焖煮 60 分钟。

凉拌秋葵

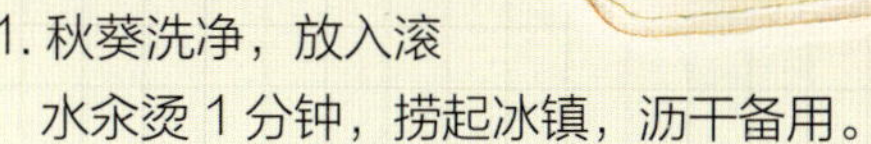

秋葵 300 克
番茄 1/2 个
洋葱 1/2 个
柠檬 1/2 颗
橄榄油、盐各少许

1. 秋葵洗净，放入滚水汆烫 1 分钟，捞起冰镇，沥干备用。
2. 将番茄、洋葱切丁，剁碎，调入一些橄榄油、盐，再挤上柠檬汁拌匀。
3. 取出长盘，摆入汆烫好的秋葵，淋上步骤 2 中的调味酱汁就完成了。

姜味麻油鸡饭

去骨鸡腿 2 只
盐 2 小匙
黑麻油 2 大匙
姜片 7 ~ 8 片
白饭 4 碗

1. 去骨鸡腿肉切小块备用。
2. 黑麻油冷锅入油，小火慢慢煸干姜片，先加盐，再放入鸡腿肉，炒至鸡肉略微焦黄，倒入白饭拌匀即可。

为孩子储存人生的经验资产

带着两岁小小孩在厨房工作时发现，只要小小孩经历过的事情，下一次再做相同工作时，操作技巧就会更臻纯熟些。由此可见，对小小孩来说，经验是未来人生重要的资产。

第一次洗米时，两岁小小孩会更多关注水流过手时的感觉，与开关水龙头时的驾驭感；第二次洗米时，玩水的兴奋度减少许多，可以更多关注让米不撒落盆外。大人与孩子在厨房或餐厅进行料理游戏时，不要害怕小小孩在操作过程中可能造成混乱场面，只要适时地提醒要领，小小孩一定会越做越顺手。

对于牵动味蕾的香气，小小孩是抗拒不了诱惑的，在拌和麻油鸡饭时，小小孩忍不住地挖了一大口品尝，入口之后满足的表情，使在一旁观察的我也不禁会心一笑。

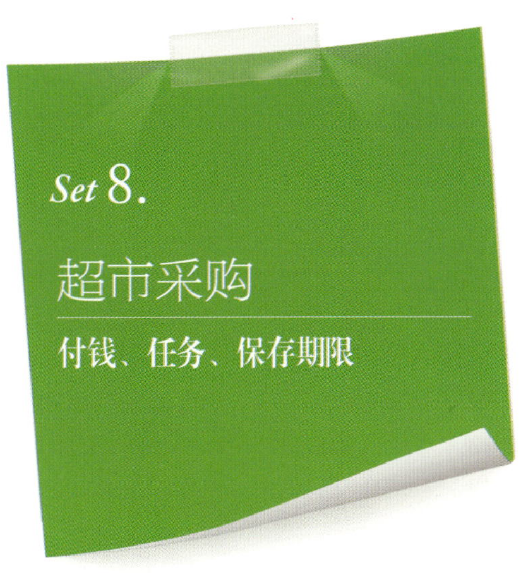

“今天你是钱包管理员，要负责保管钱包和付钱，小心拿好才不会掉了喔！”将小布包交给四岁小女孩时，我这么交代着。**小小孩喜欢有任务的工作，交办加了职称的事情，小小孩通常都会开心地融入角色里。**

“你要负责看包装上的保存期限，检查有没有过期，那就当个食品检查员好了。”我为四岁小男孩分派任务。上回请他拿小瓦斯炉时，我称他为瓦斯行老板，在工作中小孩对扮演角色表现很称职，一直关心瓦斯炉的状况，是否需要更换小瓦斯，好让自己有生意可以做。

“等一会儿你负责把买好的东西从采购单上划掉，看看有没有漏买的。你的工作很重要，是采购总管。”我蹲下来，交给五岁小女孩一张清单，也把这个任务交给了她。

小小孩的采购任务

要让孩子接触多元的食材，可从参与选择食材与制作开始。

在料理游戏中把采购食材这件事变成一项有职称的工作，一起到市场或超市采购。在准备餐点时，给小孩一个助理厨师的任务，只要孩子想参与，都可以让他们练习尝试，不需要先设限孩子的阶段能力。

有好的引导与安全的操作示范，有时小小孩表现出来的学习欲望，是会超出大人想象的。

“要买味醂、和风沙拉酱、奶粉、糖粉、养乐多、冰淇淋、蘑菇。”我看着采购清单念了一遍。“我们等会儿去超市要买的东西，你们都记得了吗？”念完又好奇地确认。

姐弟俩背诵了一遍，好像还是记不全。

“我们还是画下来好了。”我笑着边说边摊开纸，让孩子画了图画式的采购清单。

看着那份可爱的单子，我想再确定小孩真的记住了吗？

“那么，我们等一会儿要买什么呢？”我又问了一次。

“很简单啊！要买味醂、和风沙拉酱、奶粉、糖粉、养乐多、冰淇淋、蘑菇。”小孩看着图画说出了要买的东西。“我都记下来了！”姐弟俩异口同声，开心地回答着。

菜单里的互换

出发采购前我和小孩简单地讨论，先看家里有什么现成材料，再设计菜单。**不浪费食材，趁新鲜享用，这样的观念从小就要内化成为孩子的价值观，如果家里有太多饼干、糖果、速食餐点等替代食物，对于有些偏食行为的小孩来说，就不会有改进的动力了。**有些时候我会让冰箱或食物柜保持空一些，让孩子偶尔体会食材匮乏的感受。

“冰箱里有一些葱、一颗马铃薯，哇！东西好少。”看过冰箱的小孩回复。

“今天有五个人，你们觉得这些够吃吗？”我想让小小孩也有食物数量的概念。

“我觉得不够，上次我自己就吃完一个烤马铃薯，我们有五个人应该不够啦！”五岁小女生肯定地说。

“那么，等一会儿要买多少东西，我们一起把它写下来，这样就不会忘记。”我再次强调。

“如果看到有比较便宜的特价商品，我们要换成别的吗？”五岁小女生显然有和妈妈去超市购物的经验，提出了好问题。

“当然可以呀！有时我们先想好的，菜市场刚好没有，或是不新鲜，只要能搭配的都可以换。比如想买的小白菜没有了，但是旁边有好新鲜的青江菜，我们当然就选新鲜的呀！”我抓住

机会给孩子同种类互换的概念。

记得有一次，在国外读书的儿子思念起家乡味的鸡排饭，从超市打电话向我求救，说他找不到食谱上的调味食材。我请他告诉我架上陈列的商品有哪些，用电话口头传授替代方法，最后成功做出色香味俱全的家乡味鸡排。**适度的弹性与变通，也是在料理游戏中要让孩子体会的。**

小小孩从被动接受大人准备的食物，到主动提供想法与建议，当小小孩的料理经验越丰富时，对食物接受的广度就会大一些，在下一次就会多一些讨论能力与工具操作能力。大人只要在第一次的厨房游戏里多花些时间示范和说明，每个小小孩都可以成为厨房里的好帮手。

超市里的香味国度

味道是小小孩体验世界的一种方式，比起成人，小小孩对食物的味道更敏感，食物里一点点的香、辣、酸都可以感觉得出来。

对于食物的味道，其实是主观感受，是一种复杂的系统，虽然说体会味道是由味蕾决定，对小小孩来说却更受食物的香气、外观，甚至以往的经验或类似食物影响。**创造一个好的味觉体验，让小小孩对味道有好的联结，常常可以成功改变孩子对食物的喜好。**

“这个包装上画了一个圈圈，是告诉我们会不会辣。”我拿着一个咖喱块的盒子说明。

“我知道，写5是最辣的，我敢吃。”四岁小女孩宣示地说着。

“我也敢吃，有一点辣很好吃呢！”五岁小男孩跟进。

“我最喜欢吃咖喱鸡了，里面的蔬菜很好吃。”三岁的小小孩也加入这个话题。

“煮咖喱鸡可以买这样的咖喱块来调味，也可以自己买很多香料来调，你们想试试吗？”

我提出了调香料的建议，一边说明咖喱粉的成分，“咖喱粉其实是把很多种香料混合在一起，让咖喱有黄黄颜色的叫姜黄粉，还有芫荽籽、孜然、豆蔻、黑胡椒、辣椒、丁香、肉桂。”

“我想试试看！我看过书上的画，是用一种碗和棒子把它们混在一起。”小女孩显然看过类似的食谱书，跃跃欲试地说着。

调香料是最好的味觉体验，我想让小小孩试着去闻不同的气味，会更容易接受不同风味的食物料理方式。

Activity

小小孩的图画笔记

拿起纸笔画下交办采购的项目，小孩问我：“味醂长什么样子啊？”我拿出了一个胖胖的玻璃瓶，“大概就是这样吧！”于是有了这样可爱的采购清单。

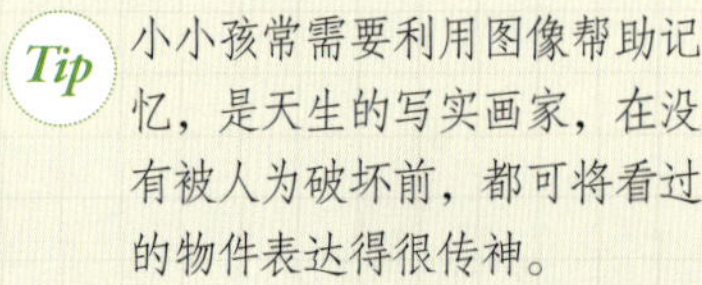

Tip 小小孩常需要利用图像帮助记忆，是天生的写实画家，在没有被人为破坏前，都可将看过的物件表达得很传神。

超市里寻宝 拿着自制的采购地图在超市里寻宝。蘑菇应该在哪里呢？调味区有味醂吗？要在哪里找糖粉，还有冰淇淋、养乐多和鸡蛋？对小孩来说，超市就像一座迷宫，第一次去超市真的得花时间好好研究一下。

Tip 大人可以在一旁提示，但尽量让小孩子自己去找采购的物品，被赋予各种任务的超市行动，对小孩子而言就像游戏一样有趣。

保存期限在哪里?

每样东西的保存期限标示位置都不一样，生鲜食品常会出现在物品的包装正面，袋装的商品常打在封口处，瓶装的通常会列在背面，可以让孩子多花些心思观察、找一找。

Tip 认识保存期限同时也会认得数字。数与量，时间与日期，将实用知识的吸收、学习自然地融入生活中。

大冰箱里买菜

小孩说超市好像个大冰箱哦！我们像在冰箱里买菜。分类包装好的蔬果，挑选时要注意新鲜度，茄子要挑重的、有弹性的，青、红、黄椒外表要饱满，马铃薯要挑没有芽眼的，洋葱拿起来要沉甸甸的，菜花的花朵看起来要像花苞一样。

Tip 走在超市里随时可以机会教育，看似叨叨地念着，话里头却都是实用常识，闲聊的学习最能长久记忆。

尽责的钱包管理员

拿着小布包的四岁女生，从接受这个任务开始，手里一直紧紧捏着，结账后也记得把钱小心收回，小小孩对自己负责的事情做得很好。

Tip 钱包管理员这个任务，显然是四岁小女生喜欢的工作，出发前把工作指令和注意细节说清楚，小小孩就会认真达成。

结账，合作，搬运

分工合作把推车里的东西放上结账柜台，小小孩喜欢帮忙做事，一下子就全部打包好了。我很喜欢看小小孩认真工作的样子，专注有效率，真是好帮手。

香味国度 在调和香料过程中分辨大、小匙，四岁女生喜欢当香料混合师，所有的香料全都量好了，就可以倒进大钵里捣一捣，混合好的香料果真有咖喱鸡的味道！

Tip 香料的粉末很轻，不容易秤出，我让小女生练习用大、小匙测量，有时粉末会不小心掉出来，没关系，等一会儿一起清理就好。

厨房里的游戏

- ☐ 练习用图画方式记录自己的采购清单
- ☐ 了解超市里的干货、蔬果、罐头、冷藏、冷冻分类概念
- ☐ 找出包装上标示的保存期限并练习阅读
- ☐ 依各种食材的挑选要点采购
- ☐ 练习结账及帮忙搬运
- ☐ 认识汤匙与茶匙等测量单位

Memo | 今日任务

茄子蔬菜咖喱鸡

茄子蔬菜咖喱鸡

鸡腿 2 只
洋葱 1 个
马铃薯 1 个
胡萝卜 1 个
苹果 1 个
茄子 1 条
小黄瓜 1 条
青椒 1 个
红、黄甜椒各半个
姜末 2 大匙
咖喱块适量
自调咖喱粉 2 大匙（也可省略）
盐少许

1. 鸡腿洗净，切小块备用。
2. 洋葱、马铃薯、胡萝卜切大块；苹果洗净外皮，连皮切成大块；茄子、小黄瓜、青椒、红椒、黄椒均切块备用。
3. 锅内加少许油炒香自调咖喱粉，先倒入洋葱块炒出香味，再下鸡腿肉拌炒至香气溢出。
4. 加入马铃薯块、胡萝卜块、带皮苹果块、姜末，再加少许盐和 1500 毫升水煮滚，转小火继续煮 15 分钟。
5. 加入咖喱块搅拌均匀，起锅前放入切块的小黄瓜、茄子和青、红、黄椒，煮滚后即可关火。

【Point】
1. 加盐的目的是为了提出食材原本的鲜甜。盐与咖喱块的搭配比例可依喜好调整，想要口感浓稠就少放些盐，多增加咖喱块的用量。
2. 这个食谱里的蔬菜可以随意组合，需要焖煮的要先入锅和鸡肉一起炖，不适合久煮的蔬菜就先备妥，等到拌匀咖喱块后，在起锅前放进去滚一下就好，在黏稠的汤汁里蔬菜还会再焖软些。
3. 如果有西蓝花也可以加进去。切成小朵的西蓝花，在最后放入汤汁中滚一下，利用余温焖至入味，吸满咖喱汁的西蓝花美味极了！

和小小孩一起大玩角色扮演

在工作中发现越小的孩子越是喜欢帮忙及角色扮演。

我常会在料理活动中给小小孩任务挑战一下自己，有时是大力士搬运工，有时是随时待命的瓦斯行老板、负责付钱的钱包管理员，或者是餐厅服务生、快炒店老板、新菜品的试吃员，偶尔当个调和香料的研究员也不错。

把不同的职业扮演游戏都加进料理活动，使工作变得更有趣，小小孩会很期待每天的厨房好时光呢！

在采购任务中，对于还不会写字的姐弟俩，自己画的图画就是最好的采购清单。出发前，姐弟俩认真地制作采购地图，四岁的弟弟想不出如何图示物品时会请姐姐帮忙，令一旁观察的我也感染了那股亲昵的真情流露。当时侧拍的照片美极了！

家中有两位以上孩子的父母，有时候可以细细观察小孩之间的互动交流，如果有一点小小争执，先不要急着介入排解，孩子们自有解决的办法。兄弟姐妹之间的感情，就是在这样一个个小事件中逐渐积累起来的。

Part - 3

美育，兼容并蓄

Aesthetic education · nature inclusiveness

轻轻的风，微微的笑
在蔚蓝的天空下
在柔软的草地上
在小小的屋檐下
在风凉的平台上
在一方小小角落，预约幸福温度

就这么简单美丽，如此心满意足

Set 9.

美丽，在细节里

美丽从细节、装饰开始

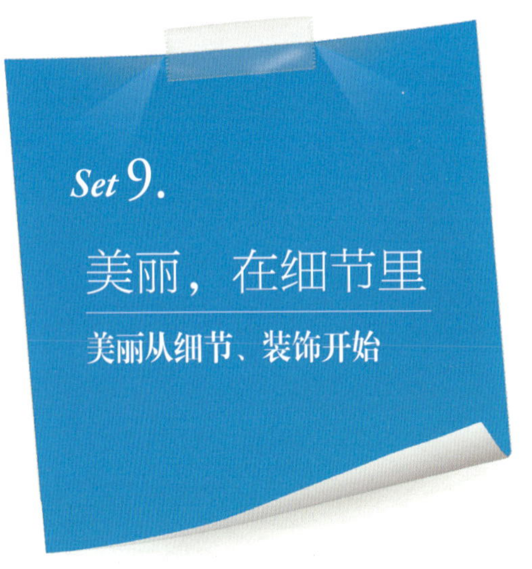

我喜欢观察别人的便当，尤其是正在打包的便当，每当看见有人将所有菜品不分类地堆在一起时，心里总是十分难受。若打包的是熟悉的朋友，便会请求他把打包便当的工作让出，由我为他重新打造一个色香味俱全的便当。

饭盒里的隔间很重要，如果原来的饭盒是无隔间开放式，我便会就地取材创造出来，例如锡箔纸、焙烤纸、洗干净铝罐剪下的小片、院子里的野姜花叶、菜品里的食材等，都可以用来分隔

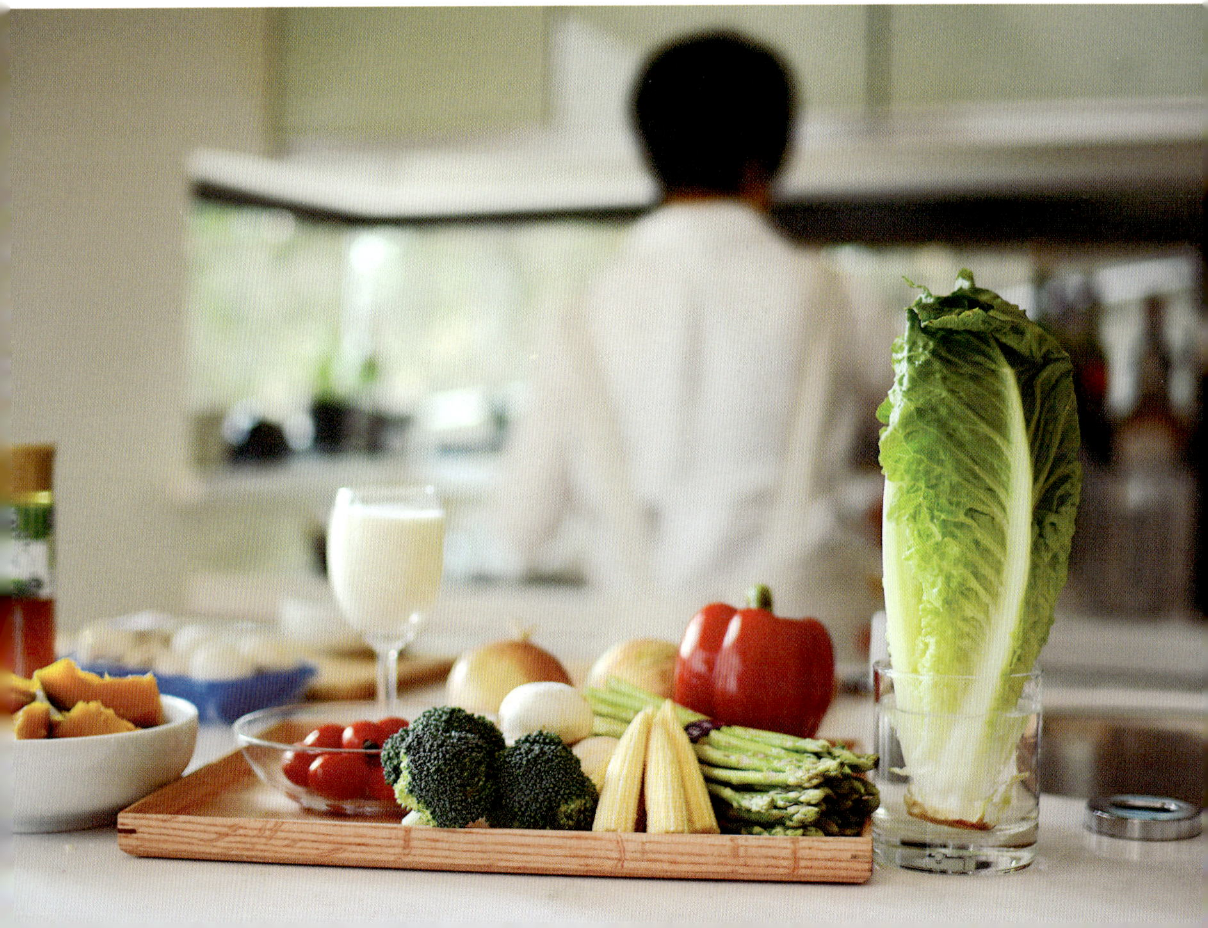

出整齐的饭盒空间。

便当里的饭一定要保持洁白，带汤汁的菜要有一个专属的空间，干湿分离是打包便当的重要原则，记住这一点就足以应对大部分的菜品与餐盒。

有时买外食带回家享用，我也会一样样地换盘盛出。一尾在美丽长盘的干煎鲜鱼，绝对比躺在纸盒里美味；方便的外带卤味，拿个有质感的陶盘重新排列，附加的姜丝与酸菜也要有它们的专属位置。

记得一次朋友带了晚餐来家里做客，看着一盒盒被关起来的美味，我忍不住趁大家说话的时候全换上新装。看着少了一点层次感，便切了简单的蔬菜棒，用瘦长的玻璃杯盛装。那一桌被改造过的美食，多了鲜花似的蔬菜，看起来更加令人垂涎！

“哇！这些真的是我们带来的晚餐吗？看起来变得好有质感！我怎么从来没想到可以这样摆盘。”朋友发出真心的赞美。

厨房里的工作其实是一门艺术创作，食材呈现的外形、大小、色泽、质地、味道、温度、季节等，都会是选择盛装容器的考虑因素。我和小小孩在厨房工作时，也常会聊到这个话题。

“把和风沙拉全部材料放在玻璃大碗里拌匀，摆在餐桌上看看美不美。”我对着正在拌匀蔬菜和酱汁的小小孩说。

“摆在桌上看起来很像一盆花，好

漂亮哦！”四岁小小孩认同地说。

“今天的浓汤要不要试试换杯子装起来喝呢？”我拿起一个附有木盖的橘色马克杯问着。

“嗯，我要试试，这样看起来很好喝哦！”小女生拿起马克杯，把浓汤舀进杯子里。

“换个盘子摆摆看。”

“如果加上这个呢？”

“装到这里刚刚好。”

料理工作中给孩子一点提醒，启发孩子天生对美的感受力，小孩积累足够的经验，就会在不经意时表现出来，慢慢内化成自己诠释美的一部分。

如果经验是惊艳

高中时，每天中午我总是会跑到好朋友的班上吃便当，观察一阵子后，我忍不住好奇地问好友，“怎么会有人吃便当不从一端好好吃起，而是像挖地雷一样，东一块西一块地挑着吃呢？”

“有差别吗？吃到肚子里不都混在一起了，而且我这一口想吃菜，下一口想吃卤蛋，就会变成这样啊！”好友理直气壮地说。

有差别吗？这真是个好问题，吃到肚子里真的没有太大差别，但是用餐的气氛是有差别的，东西看起来赏心悦目总会为生活加一点分。在和孩子做菜时，我也常会提醒小孩，如果可以多注意一点，做出来的料理就会不一样呢！

记得有次和小孩玩面团，准备做可口的吐司带回家，我在过程中用孩子可以理解的话语说明，该注意的细节不会因为是小孩的作品就敷衍跳过。

“秤东西的步骤要先想一想，秤好干的材料再秤湿的，接下来要洗的碗就会比较少。”

很多先后顺序会影响后续的收拾，太麻烦的善后会造成不好的料理体验。我觉得有必要让孩子从小养成习惯，所以总是不厌其烦地叮咛。

“揉面团要揉到像这样，可以拉成一张膜。”我拿起一小团拉开检查，揉面到位、擀卷的力道，都是吐司细致与否的关键。

“我们把吐司面包的样子整好，就要让它们再睡一下，等长到快要和盒子

一样高，才可以放进烤箱里面烤，这样烤出来的吐司就会又美又好吃。”发酵温度与时间的拿捏会影响成品的外形，我希望每个孩子都能带回完美成品，在操作的重点上特别提醒，小孩也认真地做着笔记，专注照顾自己的面团。

午后，当小孩拿着完美吐司迎向家人时，家人个个惊讶得赞叹不已，这也再次证明了只要有好的引导与示范，孩子其实是可以做得很好的。

让每一次的经验都是个惊艳，在厨房游戏中感受到工作的成就感，积累正向的学习能量。那张阳光照亮的开心、自信的小脸，真美！

Activity

切洗萝蔓生菜叶

在流动的水中洗菜是小孩最爱的工作，萝蔓择掉老叶，洗净后切 3 厘米小段，放进筛网沥去水。

清洗蔬果一起来

玉米笋与西蓝花需要好好洗一洗，放在流动的水里彻底洗干净，才能稀释残留的农药；小番茄去蒂后，清洗时要用手搓一搓，才搓得掉表皮的灰尘。生食的蔬果用心清洗才安心！

料理前部曲 食材处理是料理工作中较花时间的部分，因此厨房里工作的流程规划很重要，一次性将食材都清洗完毕，再开始做之后的切丁、切片。

Tip 当厨房里有不同年纪的孩子时，清洗蔬果的工作可以让孩子们合作完成，大人在旁观察，会发现孩子们会自然地协调出工作的韵律与次序。

【洋葱】

小孩在剥洋葱外皮时，如果不好剥除，可以先切去两端，露出里层，要撕去外皮就容易多了。

Tip 洋葱外表光滑，刚开始切第一刀时要特别小心，提醒小孩手指弯曲，扶好洋葱，眼睛看着正在动作的刀，心、眼、手合一就不会切伤手指。

【蘑菇】

切蘑菇对大部分小孩来说不是件难事，只有切圆弧状菇伞时要专心，否则刀子很容易打滑。蘑菇对切后，如果要再切成小片，记得将平的那一面朝下，让蘑菇站稳就方便切片了。

【小番茄】

小小的番茄最受小孩青睐，一口一个很容易取食。小番茄对切，放在沙拉酱汁里，比较容易入味。番茄和洋葱一样有着圆滑的外皮，让较大的小孩来切比较合适，五岁的小女生很可爱，喜欢把切好的番茄一字排开，看着就让人忍不住微笑起来。

【剥蒜头】

帮蒜头脱去外衣也算是厨房里的细致工作，有时为搭配料理呈现的质感，需要统一配料外形。这道料理用的材料除了洋葱末外都是片状，剥好蒜头切成蒜片，完成的南瓜炖饭就会有较好的质感。

Tip 炖煮过的洋葱末会软化，释出甜味，和米粒融合在一起，从外观上已分辨不太出来了。

【压南瓜泥】料理开始时先把南瓜洗净，切大块，放进蒸炉（或电锅）大火蒸 40 分钟，趁着余温压成泥，否则放凉后不好压；也可以加一点水，用果汁机打成泥状。用果汁机打泥，因为加了水，之后做炖饭时水分就要少加一些。厨房里常有小小的数学游戏，这里多一点，那里就要少一些，手脑并用就能做出好料理。

和风蔬菜沙拉

【汆烫，冰镇，凉拌】
切好的玉米笋、西蓝花、芦笋放入加了盐的滚水中，烫一分钟后捞起，立刻冲冰水澡，沥干水，和萝蔓叶、切半的小番茄一起放入玻璃大碗中。

Tip 准备拌成沙拉的蔬菜尽量沥干水，不容易影响拌和后的风味与口感。

【酱汁】和风沙拉酱、味醂各两大匙，再调入一小匙酱油，撒上一点点白芝麻，简简单单就完成了美味酱汁。小小厨师也要练习试味道，自己先尝一口，看看是什么味道，再把酱汁倒入玻璃大碗和蔬菜拌匀。

【装盘】完美呈现的作品，层次分明是重点，从大玻璃碗中取出萝蔓叶放进沙拉碗，再放上西蓝花、芦笋、玉米笋，最后放上两三片番茄，在成品上再淋上酱汁就完成了。

南瓜奶油炖饭

这是一道非常好的剩饭料理，做法简单，容易饱腹，美味又可口，最适合在下午的点心时间出现。炒香蒜片、洋葱末后，加入甜椒片、蘑菇片，再倒入南瓜泥，最后加白饭、鲜奶油翻炒几下就好了。

Tip 要料理这道炖饭，也可以多加些水，用生米下去熬煮。若是预计第二天要做这道炖饭，前一夜的饭就不要煮得太软。

卡布奇诺蘑菇浓汤

以口就杯优雅喝汤，雪白的颜色和绵柔的口感，让喝汤变得有趣了。把所有材料煮好放凉，再用果汁机打成泥，倒回小锅，用小火慢慢煮滚，材料里的马铃薯加热糊化会变浓稠。

Tip 使用果汁机打汤汁，一定要记得放凉再打，如果温度很高就开动马达，产生的压力会把盖子弹开，连同汤汁也会溅出，就要花很多时间清理善后了。

厨房里的游戏

- ☐ 在流动的水中清洗生菜叶并择除老叶
- ☐ 练习切洋葱，下刀时手眼合一，先切条再切丁
- ☐ 练习对切蘑菇，放平稳再切片
- ☐ 练习剥除蒜头外皮并切片
- ☐ 练习使用大匙（或饭匙）压南瓜泥
- ☐ 将沙拉装盘，体验色彩层次
- ☐ 食材放凉后，用果汁机搅拌

Memo | 今日任务

和风蔬菜沙拉

南瓜奶油炖饭

卡布奇诺蘑菇浓汤

和风蔬菜沙拉

萝蔓 1 棵
芦笋 10 支
西蓝花 1/4 颗
玉米笋 1 盒
小番茄 10 颗
和风沙拉酱 2 大匙
味醂 2 大匙
酱油 1 小匙
白芝麻少许

1. 萝蔓叶、芦笋洗净，沥干，切 3 厘米小段；西蓝花分切小朵，玉米笋切半，洗净，小番茄对切备用。
2. 芦笋、玉米笋和西蓝花入锅汆烫，捞出过冰水，沥干水。
3. 将和风沙拉酱、味醂、酱油、白芝麻混合拌匀，调成美味酱汁。
4. 再把萝蔓叶、小番茄和步骤 2 中的蔬菜装入玻璃大碗，淋上调好的酱汁拌匀即可。

南瓜奶油炖饭

南瓜（小）1/4 个
红甜椒 1/2 个
蘑菇 7 ~ 8 朵
蒜片 1 大匙
洋葱末 1/2 杯
白饭 4 碗
盐 2 小匙
鲜奶油 1/2 杯
黑胡椒少许

1. 南瓜蒸熟，压成泥；红甜椒、蘑菇切片备用。
2. 起油锅炒香蒜片与洋葱末，下红甜椒片、蘑菇片拌炒，加入南瓜泥和白饭炒匀。
3. 最后加入鲜奶油翻炒几下，加盐煮出香味，盛盘时撒点黑胡椒提味就完成了。

卡布奇诺蘑菇浓汤

新鲜平菇 200 克
鲜香菇 3 朵
胡萝卜 1/4 条
洋葱 1/4 个
西洋芹 1 根
马铃薯 1/2 个
高汤（或水）2000 毫升
鲜奶油 100 毫升
鲜奶 200 毫升
盐少许

1. 新鲜平菇、鲜香菇洗净，切片，放入小烤箱以中火烤 5 分钟。
2. 胡萝卜、洋葱、西洋芹、马铃薯切丁备用。
3. 锅内加少许油烧热，将洋葱丁炒出香气后，依序放入马铃薯丁、西洋芹丁、胡萝卜丁、平菇、香菇拌炒 3 分钟，倒入高汤中火煮 10 分钟，关火放凉。
4. 用果汁机把蘑菇汤打均匀，回锅以小火边煮滚边搅拌，搅到汤汁变浓稠，加入鲜奶油和盐提味，起锅倒入马克杯。
5. 再用奶泡器将鲜奶打发，把奶泡铺盖在杯子上即可。

【Point】蘑菇焙烤后有特殊香气，用炒的也行，但成品风味会不太相同。

培养小孩美感从家庭餐桌延伸

想要菜品呈现的质感不同，有时食材的前置处理会有许多切片工作。在让小小孩练习切片时，应依食材软硬不同而有所变通，质地较硬如胡萝卜，先汆烫软化再切片就容易多了；有些食材不硬，但外皮有点韧性，如洋葱、番茄，下刀时会需要一些下压且前后拉的力量，在指导时顺势提到施力方式及注意细节，比如对切后放稳固再继续切片，就能减少因食材不稳所造成的滑动危险。

两岁小小孩可以从质地松软的食材着手，用餐刀练习切糕点、豆腐、布丁、果冻、香蕉、熟软的瓜果等；大一点的孩子在第一次练习使用刀子切片时，也是从简单的食材开始。让孩子的每一次料理游戏，都增加一点点的挑战，用适当的工具与方式帮孩子感受到达成目标的成就感。

一道赏心悦目的料理，包括食材外形的适配和食物颜色层次安排，都是厨房游戏的重点。有时在烹调前可以和小小孩一起翻阅相关食谱，参考书中的食材配色与摆盘，除了童书之外，食谱共读也是很好的亲子活动。

大人小孩共同参与计划菜单、制作食物购买清单，孩子的参与度越高，对食物的接受度也就越高。

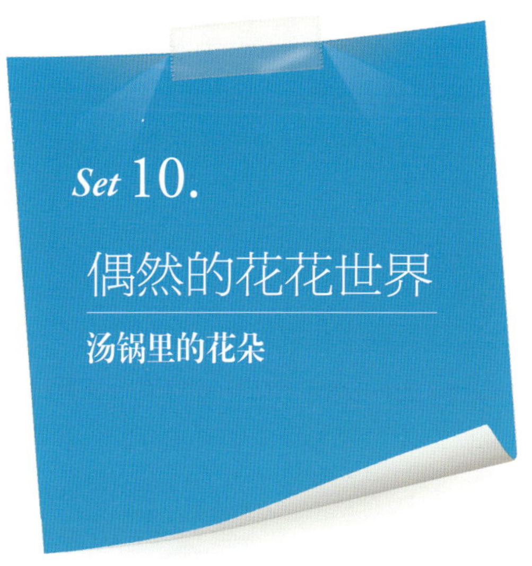

Set 10. 偶然的花花世界

汤锅里的花朵

放学时间转角传来小小孩的声音，听起来像是在和妈妈坚持一件事，我好奇地上前关心。

“我要我的礼物，妈妈你都忘记了我的礼物。”原来是我的两岁朋友，正理直气壮地和妈妈争论着。

“是忘记什么礼物了呢？”我走近关切地问。

“是昨天漂漂妈咪送我的，漂亮的小叉子，妈咪忘记拿回家了。”两岁的小小孩对时间、地点交代得很清楚，美丽的东西总是特别吸引她。

我想起来，是昨天料理时的小道具，有着绿色柄的水果小叉。小叉子顶端有可爱的小水果，看起来精致小巧，两岁小小孩爱不释手。

小小孩也会欣赏美的东西，在小小孩的厨房游戏时间里加入一些美丽元素，工作起来会更起劲。

除了用小刀切菜，用手撕、折菜叶之外，压模压出的胡萝卜、白萝卜小花朵炖在汤锅里美极了，我总喜欢看到小孩掀开锅盖时的开心表情。

“你喜欢这个小叉子，很漂亮吗？”我牵着两岁小女孩边走边聊。

“我好喜欢礼物，漂漂妈咪送的。”两岁朋友诚心地赞美。

“我们找一天来煮漂亮的汤，里面有美丽花朵的排骨汤、炖肉……”我和两岁朋友开始聊起我们的美丽料理。

原来，也可以很美味

“大家会因为东西外形的改变，而从不喜欢变成喜欢吗？”我问办公室里的同事。

“会啊，像我以前不喜欢吃胡萝卜，看到就会挑出来，从来不碰的。有一天吃到一碗花朵形状的胡萝卜汤，哇！那么美的汤，我立刻把它吃光了，然后才发现也没有那么不好吃呀！”美丽的年轻妈妈说。

“我们家小孩本来不喜欢吃菜花，但自从发现小朵菜花很像外婆新烫的头发，就变得爱吃起来了。”另一个朋友说。

“我除了味道要对、颜色不能奇怪之外，太麻烦的我也不喜欢。比如我喜欢吃螃蟹，但如果是整只供应的，要我自己剥，那我宁愿不吃。”一位挑剔的朋友说。

食物外形真的是会影响人的食欲，对于黏黏的糊状食物，我通常也会巧妙地跳过少碰，而且从小就不太吃麦片粥、稀饭、浓汤等黏稠食物。如果早餐吃到面包、蛋饼、包子、馒头、烧饼这类有嚼劲的食物，一整天都会有好心情呢！

“还跟搭配食材的配料有关系，我以前不喜欢吃小油菜，上菜市场从来不买，但有一次吃到切成小丁的小油菜炒小鱼干辣椒，哇！惊为天人，怎么会有这么好吃的炒法，所以配料也是关键啦！”朋友接着这个话题。

“像我就从来不吃番茄炒蛋，因为从小对食物的认知里，我把番茄归类为水果，我喜欢吃番茄，喜欢吃蛋，但就是不能接受它们炒在一起。”另一位朋友也加入。

“我喜欢吃炖在汤里的豆腐，但我不吃凉拌豆腐，好像也没有什么理由，就是觉得豆腐不该吃冰冰的。”

“其实除了外形、味道之外，好像还和第一次接触的经验有关。像我不爱吃西瓜，觉得要吐子很麻烦，那一粒粒的子不整齐地排在上面，让我看起来不舒服，每次看到大西瓜还会想起小时候妈妈唱的儿歌：‘大西瓜呀你究竟有多大……切开有个胖娃娃……’，真是吓人！会有娃娃在里面呀！所以，至今对大西瓜都有可怕的联想。”

听完朋友可爱的理由，我仿佛看到了那对着西瓜发愁，想着等一会儿会有胖娃娃出来的小孩。

神奇的糯米椒

对食物的偏好，有时连自己都不太清楚是从哪个时点开始，在没去探究理由之前，大多数人就这样被习惯绑架，坚守自己的饮食原则，并且传递给孩子们。

许多家庭里的成员对食物的喜好很相同，就是从小父母在给小孩食物时，会依循自己的饮食习惯，时间久了，孩子对食物的接受范围自然也就慢慢地被同化了。

有时会听到父母在讨论孩子的偏食问题，苦恼着如何让小孩吃进更多、更均衡的食物；在和小小孩玩料理游戏时发现，自己去市场采购、动手做的食物，孩子接受度都非常高，而我们也会在工作中把食材对身体有益之处带入谈话中。

有一次，三岁小男孩对着饭碗里的糯米椒发愁，不想吃，但又知道不可以浪费食物乱倒进垃圾桶里，小脸蛋看得出很纠结苦恼。

“你不想吃了吗？好可惜，这糯米椒好营养呢！你还记得上次我们一起去露营抓虾，晚上在小溪里眼睛要很亮才可以很快抓到虾吗？”我的朋友提醒小男孩。

“记得！我只抓到几只虾。”小男孩提到露营，重新振奋了情绪。

“这糯米椒吃下去，眼睛会变得很亮，下次去抓虾就会都看见了呢！”朋友再次强调糯米椒的功效。

“会看到很多吗？”小男孩还没吃糯米椒，眼睛都亮了起来，快速地把碗里的吃完，又去舀了一大勺。小孩的食物口味比我们想象的更容易改造呢！

在习惯检讨小孩的饮食问题前，应先想想我们自己的饮食习惯，小孩其实很好沟通，只要有理由可以说服，要改变小孩真的不难。大人开心地把关于食物的正面讯息融入小孩的日常生活经验里，小孩很快就能接受新的食物。

或许大人才最应该要有一组美丽的压花模具，先检视自己心中对食物的偏好，再借着压出的一朵朵美丽小花，重新建构心中的美味地图。

Activity

锅里的红白花朵

胡萝卜、白萝卜是压花的好食材，切成 3 厘米厚圆片，就可以让小孩练习压花。大部分的小孩都会先从中心点压下压模，剩下果肉就不够面积再压出另一朵了，小孩发现了这个现象，在压花时开始会先思考分配的问题。

Tip 与不同年纪的孩子玩压花时强调不同的重点：两岁小小孩强调手眼协调与手部肌肉运用，三岁的小小孩练习裁切花朵的完整度，大一点的孩子则引导他们思考空间分配问题。

重新组合的拼图

小孩在裁下的胡萝卜、白萝卜中发现重新组合的乐趣。相同的压模有相同的空格，把压下的白萝卜花放入胡萝卜的空格里，拼组出另一种美丽。

Tip 小孩是很有创意的，有时在料理过程中，少一点指令，让出一些空间给孩子发挥，会发现大人经常流于一种惯有的固定模式，这次的红白拼图就是个美丽的惊艳。

Tip 不同质地的蔬菜，用的压花力道也不同。白萝卜水分多，比胡萝卜容易裁切，薄的又比厚的容易许多；小孩的年纪也是考虑因素之一，若预先切下的厚片对小孩手压时有些吃力，那就再切得薄一些。

厚薄力气大不同

有时小孩想要挑战自己，双手压还无法穿透时，会将全身的重量也加上来，大人不必急着帮忙，偶尔退后一点观察，会发现小孩比想象中有办法。

蔬菜之外的体验

肉摸起来的手感和蔬菜是完全不同的，大部分小孩对生肉的触觉经验比较少，第一次触摸的小孩会需要一点时间适应。

Tip 稍微冻过的肉切起来比较容易，但皮会带点韧性，第一次切五花肉的小孩可以选不带皮的部分练习，等熟练些再试切带皮的。

除了压花之外

小孩发现压模也可以压去大黄瓜的瓜瓤，不用刨刀去除大黄瓜的外皮，也可以用刀子切除，做菜没有一定的模式，只要有新的好方法，我们就这么试试看。

厨房里的游戏

- ☐ 使用压模压出不同花朵
- ☐ 用压出的花朵变化重组拼图
- ☐ 厚与薄的体验
  （食材质地不同，小孩手劲不同，可以压出的厚度也不同）
- ☐ 切肉练习
  （不同触感与质地，有没有带皮，需要用不同的力道）
- ☐ 工具的变化运用

Memo | 今日任务

萝卜香菇炖肉 · 黄瓜贡丸汤

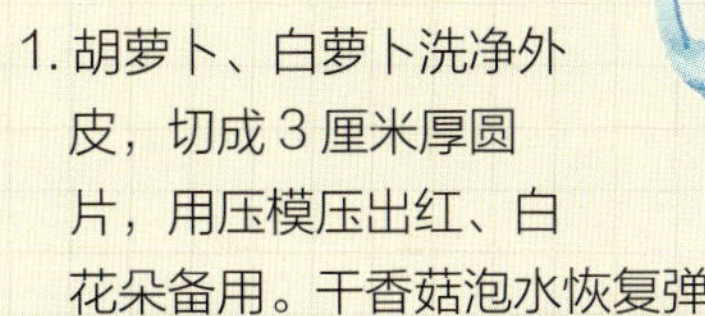

萝卜香菇炖肉

五花肉 600 克
胡萝卜 1 条
白萝卜 1 条
干香菇 5 朵
葱 3 段
姜片 5 片
辣椒 2 支
酱油 5 大匙
胡椒粉少许
卤包 1 包

1. 胡萝卜、白萝卜洗净外皮，切成 3 厘米厚圆片，用压模压出红、白花朵备用。干香菇泡水恢复弹性。
2. 五花肉洗净，切 3 厘米宽大块，入锅以少许油煎至表面金黄。
3. 将步骤 1 中的材料放入锅中，倒入 1000 毫升水，再加酱油、胡椒粉、葱、姜片和辣椒、卤包调味，大火煮开后转小火炖 1 小时。

【Point】
起锅前掀盖收汁看起来会更可口呢！

黄瓜贡丸汤

大黄瓜 1 条
贡丸 6 颗
高汤 4 碗
盐、香油、
香菜末各少许

1. 黄瓜连皮切成厚圆段，用压模压出中间瓜瓤。
2. 将去掉瓜瓤的黄瓜段放平，切去外皮，每段对切成四小块备用。
3. 贡丸切十字花，放入加了高汤的锅中煮 10 分钟，再加入黄瓜块煮滚，起锅前以少许盐调味即可。
4. 盛入小碗时，加些香油与香菜末。

【Point】
1. 每个品牌的贡丸咸度不同，有些调味盐加得比较多，在煮滚过程中会释出一些到汤里，所以等起锅前尝下味道，再决定要加多少盐。
2. 分装至各个小碗时再加香油与香菜，可以让香菜保持鲜绿色泽，万一需要再加热，也不会因为香菜变色影响汤的美观。

美好的用餐气氛把不喜欢变成喜欢

小孩挑食、偏食、胃口不佳、不易接受新的食物，这些问题常深深困扰着父母。什么时候会开始有偏食习惯？小孩什么时候可以开始扩大接受范围？如何让孩子接受新的味道？都是让父母费心的问题。

小孩子第一次品尝食物，可能是依靠敏感的味蕾、嗅觉及视觉线索来决定食物可口与否，但我们感知味道的方式除了气味、外观之外，还有许多其他主观因素，如同侪的喜好、当时的用餐气氛等。

另外，父母的食物偏好与小孩的食物偏好显著相关，往往大人不喜欢的食物就不会提供给小孩，一不小心就会通过自己的喜好去影响孩子。小孩通过家庭厨房所供应的食材窄化了，进而造成限制供给的事实。

大人在孩子的饮食偏好和能量摄入方面占了举足轻重的位置，父母若能积极示范良好的饮食方式，会是培养孩子良好饮食模式的最好方法。所以说，父母的饮食风格是小孩在食物偏好发展的关键因素。

亲子一起创造的厨房游戏可以一起改正全家的饮食偏向。小孩会因为从食材的采购到制作的高度参与，吃的情绪被积极的气氛带动起来，还有兄弟姐妹、同学和父母可以作为榜样，慢慢地也会练习去尝试最初不喜欢的食物，而在改变孩子饮食问题的同时，也会改变父母的食物偏好。

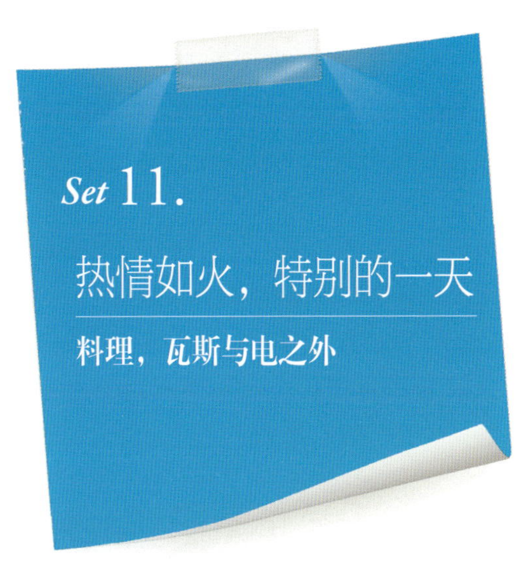

Set 11. 热情如火，特别的一天

料理，瓦斯与电之外

干燥的阵风吹得落叶沙沙响，巷弄里的大树也趁机抖落尖梢上的枯枝，原本整洁的小路上多了许多枯叶堆，几个小孩经过时故意踩出声响，喳喳喳的玩得高兴极了。

“这些枯掉的叶子能做什么呢？”六岁小女生捡起一片黄色落叶问着。

“可以堆起来做堆肥呀，会变成植物的肥料。”另一个小女生回答。

“可是要很久才会，还要发酵分解才可以用。”小男生也加入这个话题。

“你们看，这些叶子摸起来很干，

有一点脆脆的，加上一些干的小树枝，如果再有一根小火柴，就可以生起火来。”我给了小孩另外的好点子。

“我知道，上次爸爸带我们去露营的时候也生了火。”小女生想起在营地生火的经验。

“嗯……露营的时候会在户外煮菜，没有瓦斯炉，没有电，又忘记带木炭怎么办呢？”我给了小孩多一点的启发，这几个孩子刚好都有露营经验。

“可以捡干干的树枝生火代替，我们上次去露营就用树枝生火煮东西吃呢！可是树枝燃烧得比较快，要捡很多才够用。”六岁小男生喜欢当爸爸的小帮手，而且观察得很仔细。

“有一种像玩乐高积木叠砖头的方法，不用烧那么多木柴，就可以像用瓦斯炉一样大火炒菜喔！”我说。

“后院有一些断热砖，等一下我们来玩叠积木吧！今天不用瓦斯炉煮东西。”想到好玩的点子，说着自己都开心了起来。

断热砖是用一种高温耐火的陶瓷纤维做成的，有质轻、耐火、隔热等特性，在大一些的建材行可买到，拿它来当叠

积木的炉子最合适了，堆起来的炉子就算里头燃着熊熊烈火，不小心摸到也不会烫手。我喜欢在后院准备一些断热砖，兴之所至就可以和小小孩来个野炊游戏，除了煮食的趣味外，也可以融入科学小常识。

“堆叠的时候，要注意风从哪个方向吹，放木柴的洞口要让风吹进去。”我一边示范解说，一边让小小孩体会风吹的方向，“如果堆起来的火炉是要烤肉用的，那就不要堆太高，开口要宽一点；如果是要炒菜用的炉火，大概要叠四层砖，开口要小一些。”

有时和稍大的小孩玩料理游戏，除了切、洗食材之外，用孩子可以理解的经验，多加入一点烹饪元素，也会十分有趣。瓦斯炉、电磁炉、烤箱、电锅、蒸炉之外，野地随手可得的枯枝、落叶，加上简单的石块堆砌，就可以开始特别的一天。

小小孩围着刚叠好的火箭炉，正在开心体验着户外烹煮的乐趣，柴火升起的炊烟混合着饭菜香，像极了小时候外婆家大灶飘出的幸福味道，那是一种回到家的温暖感受。或许未来某一天，当小孩长大离家之后，在异地闻到这样的味道时，也会记起这曾经美好、特别的一天。

旅人的浪漫

清澈的海水轻轻拍打着沙滩，天空湛蓝几乎没有一丝云朵，希腊北方皮利翁（Pilion）半岛上，没有游客的喧闹声，没有文明世界的围篱，广阔的天地间，时间和空间似乎都是静止的，我们隐身

在这宁静的天地间。

原来，少了指针的时间可以这样美丽。

没有既定的目的，没有安排的行程，就在这美如天堂的爱琴海边恣意地享受美丽、浪漫的一天吧。饿了，拿出背包中简单的食材和一组轻便的露营锅具，就地取材地将石头堆砌，拾起岸边晒成的干柴，好友很快生起了一堆熊熊烈火。

在艳阳高照的岸边，觅一阴影处，我们煮了一锅番茄面，炸好了鸡翅，也焖熟了埋在沙地里的三颗鸡蛋。在海里游泳的法国友人也上岸与我们小酌同乐，这未经策划的简单午餐，在风景如

画的海边，成了旅行中浪漫的点缀。

我的好朋友总是能就地取材，成就旅行中的小快乐，善用生活小常识，解决我们一向视为麻烦的用餐问题。带着适量的食材和一个野营锅，走到哪里煮到哪里，旅行的时间不再因为找餐厅而设限，增添了更多自由的乐趣。

好友望着那么好的阳光惋惜地说："如果有放大镜或菲涅耳镜（Fresnel Lens）多好，太阳光透过放大镜也可以将纸燃起。"**原来，积累足够多的生活小常识，生活随时都可以变得有趣。**

我常常和朋友四处旅行，在风光明媚的野地里用餐，是一种幸福的享受。和小孩一起进行料理游戏时，我喜欢和小孩分享随遇而安的观念，"如果没有电，要怎么煮饭？""如果没有瓦斯，要怎么炒菜？""如果家里少了食谱里的某样材料，可以用什么代替？"**利用工作中的一些小小意外，和小小孩一起想方法解决，让孩子多积累一些经验，多增加一点生活应变能力。**

Activity

天上落下的礼物

捡起干燥落叶与枯枝，今天不用电与瓦斯炉，风吹下的枯枝就是生火的好材料。社区公园走一圈，捡回好多天上落下的礼物，手脚并用把长长的树枝折断，准备好了就要生火。小小孩也想帮忙，捡起地上的干球果，弟弟说：“这是漂亮的玉米球果。”

Tip 捡拾过程可请小孩辨别木柴的含水量。拿起来干干轻轻的才方便使用，重重湿湿的要放一段时间，等水分少一些才能用，否则木柴太湿会产生浓烟。每个年龄阶段的孩子都可以帮忙，大一点的孩子拉动大枯枝，小小孩捡拾干干的球果，都是生火的好材料。

一点前处理，美味加点分

市场买的鲜虾最适合拿来做蒜味虾，食材新鲜只要简单调味就会令人吮指留香，户外的炉火大小掌握要由大人留意着，做出来的料理会有一点木头的熏香味，和瓦斯炉火煮出的风味大大的不同呢！

Tip 如果烹调前把虾壳去掉，吃的时候就不会沾得满手酱汁。虾壳先剥后剥都是对手眼协调很好的练习。保留完整的头部与尾部，烹调好的成品较美观，也吃得到虾头的鲜美。

两岁和两岁前的合作无间

两岁小小孩指导未满两岁的小小孩，两人合力把卷心菜都撕成小片，小小孩喜欢用嘴去体验不同的味道，撕菜过程中不时会把卷心菜塞进嘴里品尝一番。

Tip 有撕菜经验的两岁小女生，看到一盆卷心菜出现便动手撕了起来，第一次参与的弟弟观察了一阵才开始加入。“撕”这个动作，对两岁的小小孩来说百玩不厌，很快就完成了。

准备一锅好汤

香茅、姜黄、月桂叶，再加上一点点的辣椒、一个切成小块的洋葱、几条牛肋条随意切成块，户外的料理就是要豪迈奔放。

Tip 也可以先炒香洋葱，放入去血水的牛肋条，略炒成金黄上色。炒过的牛肉会比较定型，比直接煮的牛肉汤更清透些。

堆叠院子里的大积木

用断热砖堆叠火炉必须先确认风向，放木柴的洞口要让风吹得进去，而开口大小和堆叠高度则看用途来决定。都市里生活的人无法随时享受野炊的乐趣，那么有机会露营时不妨带着孩子一起玩野炊。

Tip 起火时要从小木片开始，干燥的落叶也是很好的起火材料，等火燃起后可加入干球果，待火焰稳定才放入较大的树枝燃烧。

轮流上场的小小厨师

放上一个锅炉架，小小火箭炉快炒店就可以开张了！先把汤煮好，接着快炒胡椒虾与卷心菜。大家都想试试，那就轮流上场，炒好的菜，厨师要先试味道。

Tip 断热砖堆叠出的炉子，炉身因为断热砖的特殊材质，所以就算不小心摸到也不会烫，小小孩想要试炒看看也很安全。

厨房里的游戏

- □ 捡拾干柴，分辨易燃与不易燃
- □ 剥除虾壳，保持完整头尾，练习手指灵活度
- □ 与更小的孩子一起工作，分享经验
- □ 堆叠练习，分析炉火大小与炉台高度、宽度的关联性
- □ 辨别风向与调整进出风口

Memo｜今日任务

蒜香胡椒虾
樱花虾卷心菜
香茅洋葱牛肉清汤

蒜香胡椒虾

草虾 300 克（约 8 只）
蒜头 7 瓣
胡椒粉 2 大匙
盐 1 大匙

1. 草虾洗净，剥去外壳（保留头尾并维持虾身完整），沥干水；蒜头去皮剁碎。
2. 炒锅加少许油烧热，先放盐，再将蒜末入锅，中火炒至金黄盛起。
3. 放入去壳草虾，煎至双面略微焦红，起锅装盘，撒上胡椒粉和炒香的蒜末即可。

【Point】
蒜瓣煎得金黄，带点微焦香，非常下饭。喜欢吃辣的人可以剁点辣椒加进去，或把胡椒粉分量再多放些。有时也可以单独炒香蒜瓣、胡椒粉、盐，撒在热腾腾的饭上，酥脆的口感令人开胃。

樱花虾卷心菜

樱花虾 2 大匙
卷心菜 1/4 个
葱段少许
盐 1 小匙

1. 卷心菜洗净，撕成小片（或切条）。
2. 炒锅加 2 大匙油烧热，放入葱段、盐和樱花虾炒出香气，下卷心菜炒至叶片软化即可。

香茅洋葱牛肉清汤

洋葱 1 个
香茅 5 根
姜黄 1 小块
月桂叶 7 ~ 8 片
辣椒 2 支
番茄 2 个
牛肋条 600 克
盐 1 大匙

1. 洋葱剥去干硬外皮，切细丝备用。
2. 香茅微拍碎，姜黄切片，番茄切小块。
3. 牛肋条切小块，汆烫去血水，捞出备用。
4. 所有材料放入锅中，加水至淹过材料，煮滚后改小火焖 40 分钟。

野地里的自然生活体验营

捡拾枯枝当柴，堆叠石头起灶，原始的埋锅造饭是现代大多数人没有过的经历。

小小孩对于可操作的事情向来兴趣浓厚，那天在后院开张的火箭炉快炒店，大小孩子都玩得开心极了！原来没有瓦斯炉与电烤箱，也可以变出一桌美味佳肴。

生活便利的都市人，瓦斯、水电家家到位，住在层层叠叠的高楼里，紧密的生活空间不允许有生火的机会，若想体验野炊的乐趣，不妨带小孩去牧场烤肉或营地露营。

刚开始还不是很熟悉，可以在设备较完善的营地和孩子一起搭设帐篷，准备简单的轻食野餐，再慢慢试着就地取材，利用天然的素材生火，试验哪种方式最省能源，寻找野地里的野菜做料理，尝试不同风味的烹调方式，亲子一起共创野地里热情如火又特别的一天。

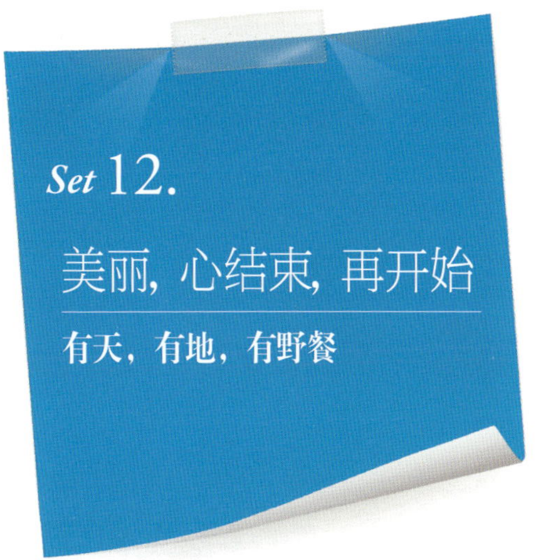

Set 12. 美丽，心结束，再开始

有天，有地，有野餐

坐在可以望着爱琴海的旅店小阳台，远方有一艘回港小渔船正在噗噗的前进，从吃早餐起我就一直偷偷观察，到底要多久才会到岸。

这希腊的海也太奇怪了，当天空无云时它几乎是静止不动的，没有波涛的海面让人有时空凝结的错乱感，我想应该是这个原因，才让会动的小渔船在这画面中显得这么醒目。

旅行时，我喜欢住在有小阳台的公寓，从容地在小厨房里准备好早餐，在小小的阳台桌铺上餐垫，摆上简单的餐

盘——从小旅店厨房买回的刚出炉的大面包，散发着迷人的香气，唤醒了味蕾，搭配市集商店买回的当地食材变出的地中海风味炒蛋——就着晨光享受这阳台上的小野餐。

这一方小小角落，由外到内，像贯穿的河与海，天地早已融为一体，飘在空气中的咖啡香，混着海风轻送的香草味，真的不需太多佳肴，也能令人心满意足了。

很多人都向往在大片绿草地铺地垫、露天席地而坐的用餐方式，旁边摆上斜插着两棍法国面包的四方形藤篮，还有在家就准备好的一盒盒轻食，那样的照片散发着一种让人羡慕的慵懒氛围，让许多人纷纷效仿地风行起来。

"到底什么是野餐？为什么很多人喜欢野餐？在家吃饭不好吗？"我好奇地问朋友。

"有天、有地、有风、有景，我超级爱野餐的。"朋友毫不迟疑地回答。"我还记得二十年前第一次野餐时的情景呢！那次因为买到了一块美丽的地垫，上面印着我和姐姐非常喜欢的大玫瑰花，那花朵铺在绿色草地上真是浪漫极了。

"我们躺在铺着玫瑰花地垫的大草地上，看着天空的云朵变化，野地里特有的青草香随着微风飘荡在空气中，还有不时传来的虫鸣鸟叫，在那个时刻觉得和天地很近，没有空间的拘束，心是自由的。

"野餐时我喜欢准备真实的餐盘，平时在家里用的餐具摆在草地上，像家的延伸，那种用餐空旷的感觉真让人回味无穷。我想，野餐吸引我的应该就是一种与天地很亲近的感觉。"朋友认真回溯自己喜欢野餐的原因。

“我好像没有什么野餐经验呀，那种在大草坪上铺着地垫，吃着藤篮里轻食的悠闲，嗯……好像很少。”我也认真回想着。

“哎呀！怎么没有，真是身在福中不知福，你每天都在野餐啊，那么大片的落地玻璃门窗，一抬头就看见正在飘动的云，餐厅外有那么多大树，黄头鹭有时会飞进来停在大木桌上，偶尔台湾蓝鹊全家还会栖息在外头的大树梢，木头平台上的大水缸里总有青蛙鸣叫，那种惬意不是轻易就有的啦！”朋友抗议地说道。

是啊，如果把野餐的定义拉大些，有天、有地就是野餐，那么我的生活真是日日都是野餐日呢！

记得夕阳正好的某天，大伙兴致一来，临时决定来场户外烤肉餐会，架起从资源回收场捡回的铁制桌脚，放上被厨师淘汰的大炒锅，燃起裁下不用的漂流桧木。当一切食材准备妥当时，与好友们举起酒杯互祝安好，在皎洁明月照映的夜空下与知心好友畅饮，享受月光下的简单幸福，那种心灵升华后与自然融合在一起的醇醇沉醉，最令人心动。

小小孩的野餐

小小孩说想要帮忙做点心，小小的点心要插上美丽的水果小叉，然后要和同学一起野餐。

“我会帮忙做饼干，用压模压出小花，上次我做过。”两岁小女生跃跃欲试地说着。

小小孩专注地在擀平的饼干面团上压出一朵朵小花，被压模裁下的小花会卡在模具边上，需要用手推出才会掉下来。小小孩试过几种方法，先用左手把饼干小花推出，一开始小花很顺利地掉下，过一会儿面团因为手温融化油脂变软，左手一推就散开了。

“我的花怎么都坏了。”两岁小女生沮丧地说。

“那换个方法，用倒的试试看。”我示范了另一种方法，把压出的饼干轻轻甩在烤盘上。换了方法后，果然顺利地把花都压完了。

带着两岁小小孩玩料理，只要是没有安全顾虑的工作，我都尽量让孩子去体验。

“有人想帮忙把这缸面团搬到客厅吗？”打完面团的同时我问大家。

“要一起搬才可以，我一个人搬不动。”两岁小女生发号施令说。

三个小人六只小手，像小蚂蚁般把

十二升的搅拌缸成功移动到客厅，过程中遇到一些分心的小插曲。经过转角时，小女生被飞进来的蝴蝶吸引而松开手，剩下两个小小孩可就真搬不动了。

“哦！太重了，搬不动了。”两岁小男生发出求救的讯息。

“来！快去帮忙，要三个人一起才行。”我适时提醒脱队的小女孩。

在料理工作中，也可以培养小小孩的团队精神，说好一起完成的事，就要努力地做到。两岁小小孩经过适度的提醒，一样可以做得很好。

下着毛毛雨的后院露台，三个小小孩正在享受自己的成品，吹着凉凉的风，开心地吃了起来，自己动手做的每样东西都好吃。看着小小孩满足的神情，想起了小时候，每当夏日天气好的傍晚，妈妈总是让我们在院子里吃晚餐，那样的情景依悉记得，是种幸福美好的感觉。我想，有天、有地、有好友、有家人，就是天底下最美味的一餐。

Activity

面粉掉下来会像下雨一样

两岁的小小孩很喜欢帮忙，让小小孩试着帮忙过筛面粉，一个舀面粉，另一个过筛。面对新的工具，小小孩会先研究，面粉到底从哪里出来？哦，原来把手上有机关，用手压一压，面粉就会从杯子下面掉下来，哗啦啦的好像下雨了。

Tip 把做面包的工作拆解，两岁的小小孩可以帮忙过筛、混合、拌匀，在游戏中体会不同材料的触感。

合作，交换，帮忙

两岁小小孩合力把面粉过筛，有时也想试试别人手上的工具，那就交换吧！在工作中练习分享与合作，材料都放好了就可以搅拌。“呵呵，面粉变成一个大球了！”

Tip 只有一份工具时，就教小孩分享、轮流与交换，大家都有机会试一试。从筛子落下的面粉，让两岁小小孩联想到有趣的下雨天。

只要小心，机器会是好帮手

用手揉出的面包味道好，但有时也可以让机器帮帮忙。只要小心操作，机器会是好帮手。启动、暂停、摸摸看，两岁的孩子也想试试。小小孩说："机器不要乱动，我用手压住，它就不动了。"

Tip 让小小孩观察机器搅拌的过程，大人一定要在旁陪同。小小孩喜欢控制开关，利用机器上的计时装置，让小小孩认识数字的形状。

三个人一起，就会变成大力士

“可以帮忙吗？”是个引子，打好的面团要搬到客厅窗户旁。两岁小小孩回答说：“我可以帮忙！”就这样，三个小小孩一起，就会变成大力士。

Tip 有时给小小孩一点点挑战，有点重量的搅拌缸，也让小小孩搬搬看。要几个人才搬得动？给孩子一点讨论的空间，大家决定了就可以试试看。

压出美丽的花朵小饼干

拆开袋子的饼干面团有香香的味道，面团要用压模压出小花朵。不到两岁的弟弟也想帮忙，要像姐姐一样变出漂亮的小饼干。小小孩间也会有教与学，大一点的姐姐压出小花朵，开心地告诉弟弟方法。

Tip 只要孩子有兴趣，就是开启厨房游戏的好时机，不到两岁的小小孩也可以操作饼干压模。在孩子有兴趣学习的时候就可以开始。操作过程中，回温的饼干面团会粘在模具上，小女孩照我的示范，用点力气甩一甩，饼干小花就成功掉下来了。

小小孩总会自得其乐

厨房工作的空闲，小小孩总会自得其乐，玩玩桌上的小工具，帮忙清理地上不小心撒出的面粉，只要开心，做什么都有趣。

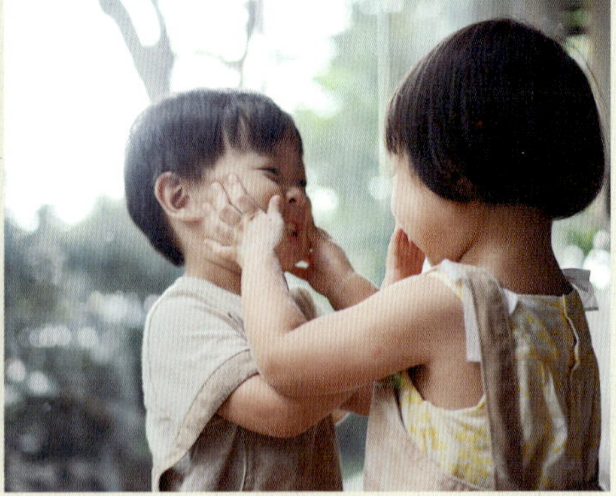

汆 西蓝花与玉米笋放入热水中汆烫，为培根卷的材料作准备，水滚后就可以转小火，不会溅出油的小锅子，连弟弟也想要试试看。

翻滚培根卷 平底锅中摆入培根卷，用小小火练习煎，握对把手的位置，就不会烫手。

Tip 教小小孩观察培根卷的颜色变化，等到培根变成有点焦红色就可以摆盘了。

小饼干的金枪鱼酱

简单的拌和，小小孩都可以愉快胜任。金枪鱼罐头加上柠檬汁与千岛酱，就变成香香的金枪鱼沙拉酱。

准备与等待

把桌子搬到院子里，铺上餐巾准备野餐啰！坐在小椅子上等待自己准备的小点心。不同的户外用餐氛围，可以让小孩体验不同重量的小杯碟。

Tip 让小小孩试用小小的咖啡杯碟，多了小盘子的小杯碟有点重量，小小孩拿起时手指需要用一点力气，可以练习运用手部不同的肌肉。

Tip 小小孩一下午又煎、又拌，还帮忙搬了有点重量的缸子，劳动后胃口大开，觉得小小野餐桌上准备的东西都很好吃。有些偏食的小孩，可让他参与制作食物，多了参与感，有时会使小小孩更乐意尝试新食材呢！

品尝全自动 忙了一下午的小小孩开心地享受自己做的点心，自己动手做的餐点看起来总是特别好吃，配上可爱的小叉更有加分作用。小小孩野餐全自动，一点都不需要大人帮忙。

收拾 小小孩也要学会收拾，帮忙把野餐的餐盘收进屋里。有时在院子办个小野餐，让生活多一点可爱的美丽时刻。

Tip 让小小孩习惯餐后的收拾。对小小孩来说，全程参与食物的制作、烹调、品尝与收拾是很重要的经验，在厨房里不只是学到游戏中有趣的部分，责任感的培养也是很重要的环节。

厨房里的游戏

- ☐ 帮忙筛面粉，用挖勺将面粉倒入筛粉器，再用手压放握把让面粉落下
- ☐ 将粉状材料倒入大缸中混合，加入牛奶、蛋等湿性材料搅拌，体会黏稠感
- ☐ 了解使用机器的安全注意事项
- ☐ 挑战搬运工作，练习团队完成一件事
- ☐ 使用压模压出饼干造型，并依面团温度改变工具的使用方式
- ☐ 让小小孩跟着一起试试汆烫练习
- ☐ 学习从外观判断帮培根卷翻身的时机
- ☐ 练习使用有点重量的野餐杯碟
- ☐ 取用餐点，和好朋友分享美食
- ☐ 餐后收拾，协助将餐盘收到屋内

Memo | 今日任务

手作熏衣草小饼干

鸡蛋牛奶小餐包

玉米笋培根卷

柠檬金枪鱼沙拉酱

手作熏衣草小饼干（约30片）

低筋面粉 200 克
熏衣草 3 克
鸡蛋 1 个
无盐黄油 140 克
糖粉 80 克

1. 将黄油放置室温软化；熏衣草以热水泡开，沥去水；鸡蛋打散，低筋面粉过筛备用。
2. 全部材料拌匀至看不到粉粒，装入塑料袋中用手压平，放进冷冻室约 30 分钟。
3. 取出面团，用压模压成小花形状排入烤盘，全部完成后，放入预热 180℃的烤箱烤 20 分钟至上色，取出放凉即可。

鸡蛋牛奶小餐包

高筋面粉 540 克
白糖 70 克
酵母 7 克
盐 7 克
鸡蛋 2 个
牛奶 540 克
无盐黄油 70 克

1. 将黄油以外的所有材料拌匀成团。
2. 再加入黄油，揉至面筋扩展阶段，置于室温发酵 1 小时。
3. 发酵完成后，将面团分成小团（约 30 克），滚圆再发酵 40 分钟，放入预热 180℃的烤箱烤 20 分钟即成。

玉米笋培根卷

玉米笋 1 盒
西蓝花 12 小朵
培根 1 包
牙签数根
胡椒粉少许

1. 玉米笋对切，西蓝花洗净汆烫，捞出沥干备用。
2. 取出培根铺平，一端放入西蓝花、玉米笋后卷起，用牙签固定住。
3. 烧热平底锅，将培根卷入锅煎至两面金黄，取出摆盘，抽掉牙签，撒上胡椒粉即可。

【Point】做好的培根卷对切成两段，插上彩色的塑料水果小叉，看起来会更精致。

柠檬金枪鱼沙拉酱

金枪鱼罐头 1 个
青柠檬半个
千岛沙拉酱 50 克

1. 打开金枪鱼罐头，沥去水；青柠檬挤汁，青柠檬外皮（只取表面绿色部分）切成末。
2. 将所有材料拌匀就完成了。

【Point】调好的金枪鱼酱可以涂抹在苏打饼干、吐司面包上，做成野餐三明治，或卷成小小的寿司，也非常美味。

后记 *Special Thanks!*

午后，室内洒进一片微橙金黄的阳光，在夏蝉鸣声中，我盯着电脑屏幕上编辑刚传来的校稿，儿子弹着吉他练习曲。每当儿子弹奏完一曲，我都会用力鼓掌，二十岁的儿子腼腆地说："我弹得应该没有那么好，但我记得小时候好像很少得到这样的称赞，妈妈，你是跟谁学的？"

跟谁学的？我想，应是这些年来，在我生活周遭的一种氛围、一种态度。

想想自己年轻时急躁的个性，好像真的很少正向鼓舞孩子，总焦急地想完成眼前的事情，想马上就看到成效，无法等待小孩探索的时间，随手就把孩子该学做的事处理完了。这样的结果，不但大人疲累不堪，亲子关系也变得剑拔弩张，家庭气氛当然也无法和乐融融。

这些年，在学校观察老师对待小小孩的宽容与适时的放手，让我从欣赏、赞叹到身体力行，学会了用不同的角度去看孩子的表现。用对的方式对待孩子，对我来说，虽然晚了十多年才开始，然而我几乎以为自己错过的，今天从儿子腼腆开心的笑容里，我看见了"为时不晚"。

以为错过了的事，在愿意开始时，就是一个新的起点。如果你也和我一样， 建议不妨从现在起，试着改变和孩子相处的方式！

在决定写下这一本关于小小孩厨房的工作记录后，从两岁的小小孩市场采购开始，到以小小孩动手准备野餐点心作结尾，长达半年的拍摄筹划时间里，我一直在摸索、思考着，要用什么方式来呈现孩子与食物的教与学？这本书最后想表达与呈现的是：真实生活里的亲

子厨房实境是每天可以发生在你我家里的。

小小孩工作时的专注与创意，在每一次按下相机快门的瞬间，那幸福的一刻都被忠实记录下来。照片中没有安排好的表情变化、没有刻意的动作，在挑选过程中，每一张照片都令我难以抉择、无法舍弃。

最后，这一本书的完成，我想感谢协助摄影的芳蓉、怡萱，还有书中的小助爸爸，没有这三位的鼎力相助，我将错失很多小小孩工作时的精彩片段。另外，在我遇到瓶颈时总会鞭策与鼓舞我的好友伟馨，和一直辛苦帮我为这本书忙碌的商周伙伴靖卉、淑华、媖茜，以及将成品变成美丽插画的凯因。没有大家，这本书不会进行得如此顺利。

还有所有来到漂亮厨房的小小厨师，萱萱、敦敦、小蛙、牧琪、楷棋、雅心、仲成、思颖、余阅、可庭、绍谦、少芸、敬雯、韦晴及客串的韦翰、东君、承欣。这些每次工作结束都期待下一次要再来煮菜的小小孩们，给了我坚持下去的正向力量，并在一起探索时为我带来源源不绝的新体悟与灵感。在几次拍摄过程中，孩子们给我的惊喜，远远超过我所给他们的教与学。

那天，两岁的萱萱说："今天我还要去漂漂妈咪家煮菜，还有敦敦也要一起去！"听到她坚定的语气，很开心小厨师的美妙经验已经开始在她心中发酵。我相信，在这过程中曾经经历的所有，都在小小孩心里埋下了一颗预约幸福温度的种子，在他们未来的人生中，一定能拥有幸福的温度。

附录

孩子也能参与制作的菜谱索引

Set.1

金针菇豆腐汤 /26

古早味猪脚 /27

清炒手择小白菜 /27

蛋酱青椒手拿沙拉 /27

Set.2

春笋木耳烧鸡 /42

黄豆芽排骨汤 /42

Set.3

烤迷迭香鸡腿 /60

清炒姜片丝瓜 /61

欧姆蛋卷 /61

金菇肉末姜丝汤 /61

Set.4

清蒸马头鱼 /76

芦笋培根卷 /76

烤洋葱 /77

凉拌龙须菜 /77

马铃薯炖汤 /77

Set.5

野姜花粽 /96

吻仔鱼苋菜 /97

昙花排骨汤 /97

Set.6

炒山苏 /111

香椿蛋 /111

麻油川七 /111

Set.7

红烧冬瓜排骨 /125

凉拌秋葵 /125

姜味麻油鸡饭 /125

Set.8

茄子蔬菜咖喱鸡 /138

Set.9

和风蔬菜沙拉 /156

南瓜奶油炖饭 /157

卡布奇诺蘑菇浓汤 /157

Set.10

萝卜香菇炖肉 /169

黄瓜贡丸汤 /169

Set.11

蒜香胡椒虾 /184

樱花虾卷心菜 /185

香茅洋葱牛肉清汤 /185

Set.12

手作熏衣草小饼干 /206

鸡蛋牛奶小餐包 /207

玉米笋培根卷 /207

柠檬金枪鱼沙拉酱 /207

图书在版编目（CIP）数据
小小孩的生活厨房课 / 曾雅盈著. -- 青岛 : 青岛出版社, 2016.10
ISBN 978-7-5552-4688-6
Ⅰ.①小… Ⅱ.①曾… Ⅲ.①学前教育—教学参考资料 Ⅳ.①G613
中国版本图书馆CIP数据核字(2016)第228365号

书　　名　小小孩的生活厨房课
作　　者　曾雅盈
摄　　影　郑芳蓉　吴怡萱　罗元助
插　　画　张凯因
出版发行　青岛出版社
社　　址　青岛市海尔路182号（266061）
本社网址　http://www.qdpub.com
邮购电话　13335059110　0532-68068026
策划编辑　贺　林
责任编辑　逄　丹
校　　对　李德旭
制　　版　青岛帝骄文化传播有限公司
印　　刷　青岛海蓝印刷有限责任公司
出版日期　2016年12月第1版　2016年12月第1次印刷
开　　本　16开（710毫米×1010毫米）
印　　张　13.5
字　　数　130千
图　　数　382幅
印　　数　1-7000
书　　号　ISBN 978-7-5552-4688-6
定　　价　39.80元

编校质量、盗版监督服务电话　4006532017　0532-68068638
建议陈列类别：亲子教育类　生活类　美食类